Obra Completa de C.G. Jung
Volume 11/3

O símbolo da transformação na missa

Comissão responsável pela organização do lançamento da
Obra Completa de C.G. Jung em português:
Dr. Léon Bonaventure
Dr. Leonardo Boff
Dora Mariana Ribeiro Ferreira da Silva
Dra. Jette Bonaventure

A comissão responsável pela tradução da Obra Completa de C.G. Jung sente-se honrada em expressar seu agradecimento à Fundação Pro Helvetia, de Zurique, pelo apoio recebido.

CIP-Brasil. Catalogação-na-fonte.
Sindicato Nacional dos Editores de Livros, RJ.

J92s
Jung, Carl Gustav, 1875-1961.
O símbolo da transformação na missa / C.G. Jung; tradução de Pe. Dom Mateus Ramalho Rocha: revisão técnica de Dora Ferreira da Silva. – 7. ed. – Petrópolis, Vozes, 2012.
Título original: Zur Psychologie westlicher und ostlicher Religion.
Bibliografia.

16ª reimpressão, 2023.

ISBN 978-85-326-0706-5
I. Eucaristia - Psicologia 2. Missa - Psicologia
3. Transubstanciação - Psicologia 4. Psicologia religiosa
l. Título II. Série.

79-0195   CDD – 265.3019
                                           CDU – 159.9:265.3

C.G. Jung

O símbolo da transformação

na missa

11/3

EDITORA
VOZES

Petrópolis

© 1971, Walter-Verlag, AG, Olten

Tradução realizada a partir do original em alemão intitulado
Zur Psychologie westlicher und östlicher Religion (Band 11)
Das Wandlungssymbol in der Messe

Direitos exclusivos de publicação em língua portuguesa:
1979, Editora Vozes Ltda.
Rua Frei Luís, 100
25689-900 Petrópolis, RJ
www.vozes.com.br
Brasil

Todos os direitos reservados. Nenhuma parte desta obra poderá ser reproduzida ou transmitida por qualquer forma e/ou quaisquer meios (eletrônico ou mecânico, incluindo fotocópia e gravação) ou arquivada em qualquer sistema ou banco de dados sem permissão escrita da editora.

CONSELHO EDITORIAL

Diretor
Volney J. Berkenbrock

Editores
Aline dos Santos Carneiro
Edrian Josué Pasini
Marilac Loraine Oleniki
Welder Lancieri Marchini

Conselheiros
Elói Dionísio Piva
Francisco Morás
Gilberto Gonçalves Garcia
Ludovico Garmus
Teobaldo Heidemann

Secretário executivo
Leonardo A.R.T. dos Santos

Tradução: Dom Mateus Ramalho Rocha, OSB
Revisão técnica: Dora Mariana Ribeiro Ferreira da Silva

Diagramação: AG.SR Desenv. Gráfico
Capa: 2 estúdio gráfico

ISBN 978-85-326-2424-6 (Obra Completa de C.G. Jung)

ISBN 978-85-326-0706-5 (Brasil)
ISBN 3-530-40711-9 (Suíça)

Este livro foi composto e impresso pela Editora Vozes Ltda.

Sumário

Prefácio da edição alemã, 7

I. *Introdução*, 11

II. As diversas partes do rito da transformação, 17
   1. A oblação do Pão, 17
   2. A preparação do cálice, 18
   3. A elevação do cálice no momento do ofertório, 21
   4. A incensação das oferendas e do altar, 22
   5. A epiclese, 23
   6. A consagração, 24
   7. A grande elevação, 27
   8. A pós-consagração, 27
   9. Conclusão do cânon, 29
   10. Embolismo e fração, 30
   11. A consignatio, 31
   12. A commixtio, 32
   13. Recapitulação, 32

III. Paralelos do mistério da transubstanciação, 35
   1. O teoqualo asteca, 35
   2. A visão de Zósimo, 38

IV. Psicologia da Missa, 63
   1. Considerações gerais sobre o sacrifício da missa, 63
   2. Sobre o significado psicológico do sacrifício, 68
   3. A missa e o processo de individuação, 92

Referências, 119

Índice analítico, 125

Prefácio da edição alemã

A problemática religiosa ocupa um lugar central na obra de C.G. Jung. Quase todos os seus escritos, especialmente os dos últimos anos, tratam do fenômeno religioso. O que Jung entende por religião não se vincula a determinadas confissões. Trata-se, como ele próprio diz, de "uma observação acurada e conscienciosa daquilo que Rudolf Otto chamou de *numinosum*. Esta definição vale para todas as formas de religião, inclusive para as primitivas, e corresponde à atitude respeitosa e tolerante de Jung em relação às religiões não cristãs.

O maior mérito de Jung é o de haver reconhecido, como conteúdos arquétipos da alma humana, as representações primordiais coletivas que estão na base das diversas formas de religião.

O homem moderno sente, cada vez mais, falta de apoio nas confissões religiosas tradicionais. Reina atualmente uma grande incerteza no tocante a assuntos religiosos. A nova perspectiva desenvolvida por Jung permite-nos uma compreensão mais profunda dos valores tradicionais e confere um novo sentido às formas cristalizadas e esclerosadas.

Em *Psicologia e religião* Jung se utiliza de uma série de sonhos de um homem moderno, para revelar-nos a função exercida pela psique inconsciente, e que lembra a alquimia. No trabalho sobre o "Dogma da Trindade", mostra-nos determinadas semelhanças da teologia régia do Egito, assim como das representações babilônicas e gregas, com o cristianismo, e no estudo sobre o ordinário da missa usa ritos astecas e textos dos alquimistas como termos de comparação.

Na *Resposta a Jó* se ocupa, comovido e apaixonado, ao mesmo tempo, da imagem ambivalente de Deus, cuja metamorfose na alma humana pede uma interpretação psicológica.

Baseando-se no fato de que muitas neuroses têm um condicionamento religioso, Jung ressalta nos ensaios sobre "A relação entre a psicoterapia e a pastoral" e "Psicanálise e pastoral" a necessidade da colaboração entre a psicologia e a teologia.

A segunda parte do volume reúne, sobretudo, os comentários e prefácios a escritos religiosos do Oriente. Estes trabalhos mostram-nos, em essência, os confrontos e comparações entre os modos e formas de expressão do Oriente e do Ocidente.

O prefácio ao I Ging, livro sapiencial e oracular chinês, proveniente de tempos míticos imemoriais, também foi incorporado ao presente volume. Tendo em vista que um oráculo sempre tem alguma relação com o maravilhoso, o numinoso, e como, de acordo com a antiga tradição, os ensinamentos das sentenças oraculares do I Ging devem ser consideradas "acurada e conscienciosamente", é fácil perceber sua relação íntima com o religioso. O prefácio em questão é importante no conjunto da obra de Jung, por tratar da natureza e da validade do oráculo em si, tocando assim a região dos acasos significativos que devem ser interpretados não somente à luz do princípio da causalidade, mas também segundo o princípio derivado da sincronicidade.

O volume vem acrescido de um apêndice, que não figura na edição inglesa*. Trata-se, no caso, de escritos em que Jung responde de maneira um tanto pessoal a perguntas a respeito de problemas religiosos, contribuindo, deste modo, para um ulterior esclarecimento dos temas tratados na parte principal do volume.

Numa entrevista dada à televisão inglesa, ao lhe perguntarem se acreditava em Deus, Jung respondeu: "I do not believe, I know". Esta curta frase desencadeou uma avalanche de perguntas, de tal proporção, que ele foi obrigado a manifestar-se a respeito, numa carta dirigida ao jornal inglês de rádio e televisão *The Listener*. É digno de nota que o entomologista Jean-Henri Fabre (1823-1915) exprimira sua convicção religiosa em termos quase idênticos: "Não acredito em Deus: eu o *vejo*". Tanto Jung como Fabre adquiriram tal certeza no trato com a natureza: Fabre, com a natureza dos instintos, observando o mundo dos insetos; Jung, no trato com a natureza psíquica do homem, observando e sentindo as manifestações do inconsciente.

---

* Na edição portuguesa, constará do volume 11 completo.

A seleção dos textos deste volume segue a do tomo correspondente aos *Collected Works,* Bollingen Series XX, Pantheon, Nova York, e Routledge & Kegan Paul Ltd., Londres. Também a paragrafação contínua é, com exceção do apêndice, a do referido volume.

Apresentamos aqui nossos calorosos e sinceros agradecimentos à Sra. Aniela Jaffé, por seu auxílio no tocante a muitas questões, à Sra. Dra. Marie-Louise v. Franz por sua ajuda no controle das citações gregas e latinas, e à Sra. Elisabeth Riklin pela elaboração do índice.

Abril de 1963.

I

Introdução[1]

A missa é um mistério ainda bastante vivo, cujos primórdios re-   296
montam aos primeiros tempos do Cristianismo. Seria supérfluo insistir que essa vitalidade se deve a um dinamismo psicológico indubitá-
vel, e isso implica que a Psicologia deve estudá-la. É óbvio que tal estudo só pode ser feito de um ponto de vista puramente fenomenoló-
gico, pois as realidades da fé ultrapassam o domínio da Psicologia.

Minha exposição está dividida em quatro partes. A Introdução   297
contém referências a determinadas fontes neotestamentárias a respeito da missa e algumas observações resumidas a respeito de sua estrutura e de seu significado. No Capítulo II faço uma breve exposição
das diversas fases do ritual da missa. No Capítulo III apresento um
paralelo do simbolismo do sacrifício e da transformação cristã, extraído da antiguidade pagã; trata-se das visões de Zósimo. Por fim, no
Capítulo IV, tento uma discussão do sacrifício e da transformação,
do ponto de vista psicológico.

A versão mais antiga do relato da instituição eucarística encon-   298
tra-se em 1Cor 11,23-26:

---

1. A exposição que farei a seguir sobre o símbolo principal da missa resultou de duas
preleções que fiz no Psychologischer Club de Zurique. Elas foram planejadas para
completar, à maneira de comentário, duas conferências pronunciadas nessa associação
pelo Rev. Dr. Gallus Jud, licenciado em Teologia e pastor de almas em Zurique, que
tratou não só da evolução histórica como também da estrutura litúrgica e das alegorias
da missa. Agradeço-lhe de modo particular pelo trabalho de revisão e correções tipo-
gráficas dos Capítulos I e II.

'Εγὼ γὰρ παρέλαβον ἀπὸ τοῦ χυρίου, ὃ χαὶ παρέδωχα ὑμῖν, ὅτι ὁ χύριος 'Ιησοῦς ἐν τῇ νυχτὶ ᾗ παρεδίδετο ἔλαβεν ἄρτον χαὶ εὐχαριστήσας ἔλασεν χαὶ εἶπεν' τοῦτό μού ἐστιν τό σῶμα τὸ ὑπὲρ ὑμῶν τοῦτο ποιεῖτε εἰς τὴν ἐμὴν ἀνάμνησιν. ὡσαύτως χαὶ τὸ ποτήριον μετὰ τὸ δειπνῆσαι λέγων τοῦτο τὸ ποτήριον ἡ χαινὴ διαθήχη ἐστὶν ἐν τῷ ἐμῷ αἵματι

"Porque recebi do Senhor o que vos transmiti: o Senhor Jesus, na noite em que foi entregue, tomou o pão, e, depois de dar graças, partiu-o e disse: 'Isto é meu corpo, que se dá por vós; fazei isto em memória de mim'. E, do mesmo modo, depois de cear, tomou o cálice, dizendo: 'Este cálice é o Novo Testamento do meu sangue; todas as vezes que o beberdes, fazei-o em memória de mim'. Pois todas as vezes que comerdes este pão e beberdes este cálice, anunciareis a morte do Senhor, até que Ele venha"[2].

299   Relatos semelhantes encontram-se em Mateus, Marcos e Lucas. No evangelho de João, na passagem correspondente, fala-se em "ceia" (δεῖπνον, *coena*), a qual, porém, acha-se ligada a um lavapés. Mas, no decorrer dessa ceia[3], Cristo pronuncia as palavras que caracterizam o conteúdo da missa: "Eu sou a vida verdadeira"; "Permanecei em mim, como eu (permaneço) em vós"; "Eu sou a videira, vós sois os sarmentos"[4]. A concordância entre os relatos litúrgicos da instituição da eucaristia nos conduz a uma fonte fora da Bíblia.

300   A missa é uma celebração eucarística extremamente elaborada do ponto de vista litúrgico. Sua estrutura é a seguinte:

---

2. As citações que se seguem foram tiradas do *Novo Testamento*, traduzido pelo Pe. Dr. Frei Mateus Hoepers, O.F.M. e publicado pela Vozes. O texto usado por Jung e assinalado nesta nota, no original, é o de *Das Neue Testament*, traduzido por Carl von Weizsäcker – 1888. Em outras passagens ele cita também a Bíblia de Lutero e a Bíblia de Zurique [N.T.].

3. Jo 13,2.

4. Jo 15,1.4.5.

Como meu estudo se limita substancialmente ao símbolo da transformação, devo abster-me de explicar a missa em todos os seus aspectos.

301

No sacrifício misturam-se duas representações distintas: a de *deipnon* e a de *thysia*. *Thysia* vem de *thyein*, que significa oferecer, imolar, e também inflamar-se, soprar com força. Este último significado refere-se ao fogo impetuoso do sacrifício que consome os dons oferecidos aos deuses. A refeição sacrificial era oferecida originalmente como alimento aos deuses. A fumaça que sobe da oferenda consumida leva o alimento até à morada celeste dos deuses. Numa etapa posterior, a forma de fumaça do dom oferecido simboliza o caráter espiritual da refeição. Nessa perspectiva o Espírito (*pneuma*) era concebido, até os primeiros tempos do Cristianismo e mesmo na Idade Média, como constituído de matéria sutil (de natureza semelhante à da fumaça)[5].

302

Deipnon significa *ceia*. Inicialmente trata-se da ceia daqueles que participam do sacrifício e na qual se pensa que o deus está presente. Depois, trata-se de uma ceia "abençoada" durante a qual se come "o que foi consagrado", isto é, um *sacrificium* (de *sacrificare* = tornar sagrado, consagrar).

303

Tanto o sentido de *deipnon* quanto o de *thysia* já se encontram nas palavras da instituição: τὸ σῶμα τὸ ὑπὲρ ὑμῶν = "o corpo que foi dado por vós". Isto pode significar: que vos foi dado para comer ou (de modo indireto) que foi dado por vós a Deus. Graças ao conceito de ceia, a palavra "corpo" logo assume o sentido do σάρξ = carne (enquanto substância comestível). Em Paulo σῶμα e σάρξ são, por assim dizer, idênticos[6].

304

Além dos relatos propriamente ditos da instituição eucarística, a seguinte passagem da Epístola aos Hebreus é considerada como fon-

305

---

5. Essa interpretação nada tem a ver com a concepção oficial da Igreja a respeito do Espírito.
6. KÄSEMANN. *Leib und Leib Christi*. 1933. p. 120.

te da missa: "Nós temos um altar do qual têm direito de comer os que servem ao tabernáculo. Os corpos dos animais cujo sangue, para expiação dos pecados, é levado ao santuário pelo pontífice, são queimados fora do acampamento. Por isso, também Jesus, a fim de santificar o povo com seu sangue, padeceu fora da porta. Saiamos, pois, para buscá-la fora do acampamento, pois não temos aqui cidade permanente, mas buscamos a futura. *Por meio dele oferecemos continuamente a Deus sacrifício de louvor*".

306 Uma outra passagem[7] que se deve contar como fonte da missa é Hb 7,17, onde se lê: "*Tu és sacerdote para sempre* segundo a ordem de Melquisedeque". O oferecimento do sacrifício perene e o sacerdócio eterno constituem partes integrantes e necessárias do conceito de missa. Segundo Hb 7,3, Melquisedeque aparece sem pai nem mãe, sem genealogia, sem princípio nem fim de vida, assemelhando-se nisso ao Filho de Deus; por isso foi considerado como encarnação pré-cristã do *Logos*.

307 A ideia do sacerdócio eterno, bem como a de sacrifício oferecido perenemente, estão em íntima conexão com o mistério propriamente dito, isto é, com a transformação das substâncias enquanto terceiro aspecto da missa. Nem o conceito de *deipnon* nem o de *thysia* pressupõem ou contêm o sentido de mistério, embora a fumaça e as cinzas resultantes da queima no holocausto indiquem uma mudança substancial da matéria oferecida, no sentido de uma espiritualização. Mas esse aspecto não desempenha nenhuma função prática na missa. Ele só aparece na incensação, que é de caráter mais secundário, como oblação de perfume. Mas o mistério se destaca com toda a evidência no sacerdócio eterno "ordine Melchisedek" (segundo a ordem de Melquisedeque) e no "sacrifício oferecido continuamente por intermédio dele". O aparecimento de uma ordem supratemporal no sacrifício da missa pressupõe a ideia de transformação no sentido de um *milagre* que tem lugar "vere, realiter et substantialiter" (verdadeira,

---

7. O Rev. Dr. G. Lud chamou-me muito gentilmente a atenção para Ml 1,10-11, passagem que também vem ao caso: "Quis est in vobis qui claudat ostia et incendat altare meum gratuito?... et in omni loco sacrificatur et offertur nomini meo oblatio munda". ["Quem há entre vós que feche as portas e acenda gratuitamente o fogo de meu altar?... e em todo lugar se sacrifica e se oferece ao meu nome uma oblação pura"].

O símbolo da transformação na missa

real e substancialmente), visto que os dons oferecidos aparentemente em nada diferem de objetos naturais, concretos, e devem, inclusive, ser constituídos de substâncias naturais bem determinadas e universalmente conhecidas, como sejam a farinha de trigo transformada em pão e o vinho puramente natural. O ofertante é também uma pessoa comum que, embora dotado do *character indelibilis* (caráter indelével) do sacerdócio e, por conseguinte, possua o poder exclusivo de oferecer o sacrifício, ainda não está capacitado para ser o instrumento[8] do autossacrifício divino que se realiza na missa[9]. A comunidade que está por trás dele também não se acha ainda purificada, liberta de seus pecados, consagrada e transformada em oferenda sacrificial. O acontecimento ritual da missa assume essa situação e a transforma, gradativamente, até o momento culminante – a consagração – em que Cristo, na sua qualidade de sacrificador e, ao mesmo tempo, de sacrificado, pronuncia as palavras decisivas pela boca do sacerdote. A partir desse momento Cristo está presente no tempo e no espaço. Mas essa sua presença não é um reaparecimento; consequentemente, a consagração não é a repetição de um ato histórico e único, mas a expressão visível de um fato que perdura eternamente, o rasgar-se da cortina dos condicionamentos temporais e espaciais que separa o espírito humano da visão do eterno. Esse acontecimento é, necessariamente, um mistério, pois se situa além da capacidade humana de compreensão e representação, e isto quer dizer que o rito da missa é, necessariamente e em cada uma de suas várias partes, um *símbolo*. Mas o "símbolo" não é um *sinal* arbitrário e intencional de um fato conhecido e compreensível, mas uma expressão de caráter reconhecidamente antropomórfico (por isso mesmo, limitada, válida apenas em certas condições) de um conteúdo sobrenatural e, por esta razão, só compreensível dentro de certas condições. O símbolo é, na verda-

---

8. O sacerdote não é o senhor absoluto da oblação. "Pelo contrário, é a graça santificante que opera esse oferecimento. E o oferecimento que ela opera consiste justamente na sua ação santificante. Aquele que executa todas as vezes a ação sagrada é o seu servidor (da graça), e por isso é que as dádivas apresentadas e seu oferecimento são sempre agradáveis ao Senhor. O sacerdote é apenas o ministro, e mesmo isso deriva da graça, e não dele próprio". KRAMP, J. *Die Opferanschauungen der römischen Messliturgie.* 1924, p. 148.

9. Ou seja, antes de haver realizado as ações preparatórias da missa.

de, a melhor expressão possível, mas está muito abaixo do nível do mistério que significa. Nesse sentido a missa é um *símbolo*. Cito aqui as palavras de J. KRAMP, S.J.: "O sacrifício, como em geral se admite, é uma ação *simbólica*, isto é, o oferecimento de um dom sensível ao Senhor não é um fim em si mesmo, mas serve, como meio de expressão, a uma determinada ideia. E a escolha desse meio de expressão comporta um antropomorfismo de múltiplos aspectos, pois o homem se defronta com Deus da mesma forma que com os outros homens e, poderíamos mesmo dizer, como se Deus também fosse uma criatura humana. Oferece-se a Deus um dom como se Ele fosse um bom amigo ou um soberano terrestre"[10].

308   Desde que a missa é um símbolo antropomórfico de algo sobrenatural, que ultrapassa a capacidade de compreensão do homem, o seu simbolismo também pode ser objeto de investigação da Psicologia comparativa e analítica. Sua contribuição e esclarecimento referem-se, natural e exclusivamente, à expressão simbólica da missa.

---

10. Op. cit., p. 17.

II

As diversas partes do rito da transformação*

O rito da transformação começa aproximadamente com o "ofertório", antífona que se diz no momento em que se preparam as oferendas. Encontramos aqui a primeira ação ritual que diz respeito à transformação[1].

1. A oblação do pão

O sacerdote levanta a hóstia colocada sobre a patena, em direção à cruz do altar, e em seguida faz um sinal da cruz com a patena e a hóstia sobre o corporal. O sinal da cruz coloca o pão em relação com o Cristo e sua morte na cruz, e o caracteriza, deste modo, como *sacrificium* (sacrifício). Isto lhe confere a qualidade de coisa sagrada. O gesto de levantar a hóstia significa uma "elevação" ao plano espiritual. Constitui um ato preparatório de espiritualização da matéria. Justino

---

* Traduzimos a palavra *Wandlung* por transformação, que é a forma usualmente adotada nas traduções das obras de Jung. Cf., por exemplo, o título espanhol: *Transformaciones y símbolos de la libido*, tradução de *Wandlung und Symbole der Libido*. A rigor, tratando-se da missa, o termo indicado seria *transubstanciação*, que o próprio Jung emprega, ao falar da consagração [N.T.].

1. Na exposição que se segue, utilizei-me de BRINKTRINE, J. *Die heilige Messe*. 2. ed., 1934. [Convém não perder de vista que o "Ordinário da Missa" a que se refere Jung é anterior à reforma litúrgica de Paulo VI, que introduziu algumas modificações acidentais nos ritos e aboliu certos detalhes que não alteram a essência da missa (N.T.)].

faz a interessante observação de que a apresentação dos leprosos purificados aos sacerdotes no templo era um τύπος τοῦ ἄρτου τῆς εὐχαριστίας isto é, uma figura do pão eucarístico. É uma referência à ideia (que mais tarde desempenha papel de relevo na alquimia) do *corpus imperfectum* ou *leprosum* que é aperfeiçoado pelo *opus* (arte). ("Quod natura relinquit imperfectum, arte perficitur"). (O que a natureza deixou imperfeito, a arte aperfeiçoa).

2. A preparação do cálice

311 É mais solene do que a do pão, naturalmente em consonância com a natureza "espiritual" do vinho que, por isso mesmo, só o sacerdote pode tomar[2]. Nessa preparação mistura-se um pouco de água ao vinho.

312 Originariamente, a mistura de água e vinho estava ligada ao antigo costume de beber apenas vinho misturado com água. Por isso, um bebedor, isto é, um alcoólatra era chamado de "acratopotēs": beberrão de vinho não misturado. Em grego moderno, a palavra vinho é χρασί = mistura. Do costume que têm os monofisitas armênios de não misturar o vinho eucarístico com água, a fim de que permaneça a descoberto a natureza divina de Cristo, pode-se deduzir que é conferida à água um significado hílico (isto é, físico), ou seja, o significado da materialidade humana. No rito romano, portanto, a mistura talvez queira indicar que a humanidade se acha indissoluvelmente misturada com a divindade[3], tal como a interpenetração recíproca da água e do vinho. São Cipriano (bispo de Cartago, † 258) relaciona o *vinho* com Cristo e a *água* com a comunidade, encarada de algum modo como Corpo de Cristo. O significado da água é interpretado com referência a Ap 17,15, onde se lê: "Aquae, quas vidisti ubi meretrix sedet, populi sunt et gentes et linguae" ("As águas que vês, sobre as quais a prostituta está sentada, são os povos e as multidões, as nações e as línguas"). (Na alquimia, "meretrix", prostituta, é o nome da "prima materia", do *corpus imperfectum* que se acha recoberto de

---

2. Isto no rito romano (latino). No rito grego unido comunga-se sob as duas espécies.

3. Interpretações do Ivo Carnotense (bispo de Chartres, † 1116).

O símbolo da transformação na missa

19

trevas, como o homem inconsciente e não redimido que anda na escuridão. Esta ideia é encontrada preliminarmente na figura gnóstica da *Physis* (natureza), que abraça ardorosamente o *Nous* (o espírito), atraindo-o para baixo, no interior de sua obscuridade). A água, por ser um *corpus imperfectum*, ou mesmo *leprosum*, é abençoada antes da mistura; é consagrada, para que só um corpo puro possa se juntar ao vinho, isto é, ao espírito, o que significa, em relação a Cristo, que só uma comunidade pura e consagrada pode se juntar a Ele. Esta parte especial do rito da missa tem o sentido da preparação de um *corpus perfectum*, isto é, do *corpus glorificationis* (do corpo glorioso), do corpo ressuscitado.

Na época de São Cipriano, a comunhão ainda era celebrada muitas vezes com água[4]. Tempos depois, diz Santo Ambrósio (bispo de Milão, † 397): "In umbra erat aqua de petra quasi sanguis ex Christo"[5]. A comunhão celebrada com água tem um modelo significativo em Jo 7,37-39: "Se alguém tem sede, venha a mim e beba quem crer em mim. Segundo diz a Escritura, rios de água viva lhe manarão do seio. (Ele disse isto do Espírito que haviam de receber os que cressem nele, pois ainda não fora dado o Espírito, porque Jesus ainda não tinha sido glorificado)". E também em Jo 4,14: "Mas quem beber da água que eu lhe der jamais terá sede, pois a água que eu lhe der tornar-se-á nele uma fonte de água que jorra para a vida eterna". A passagem: "Segundo diz a Escritura, rios de água viva lhe manarão do seio" (literalmente: do ventre), não se encontra na Bíblia. Deve provir de um escritor que o autor do evangelho considerava como autêntico, mas cujo nome nos é desconhecido até hoje. Mas Is 58,11

313

---

4. São Cipriano combate esse costume herético em sua carta enviada a Cecílio. Migne, *Patr. lat.*, t. 4, col. 372s.

5. (Na prefiguração [do Antigo Testamento] a água que brotou da rocha significava o sangue [que jorrou] da Chaga do lado de Cristo]. A expressão "umbra" se refere à prefiguração do Antigo Testamento, conforme se deduz da frase seguinte: "Umbra in lege, imago in evangelio, veritas in coelestibus". (A sombra [prefiguração] na lei [AT], a imagem no evangelho, a verdade no céu). Esta citação de Santo Ambrósio não se refere, evidentemente, à eucaristia, mas à simbologia geral da água no cristianismo antigo. O mesmo se diga das citações de João, que fazemos a seguir. Santo Agostinho diz também: "Lá a pedra era Cristo. Entre nós, o Cristo é o que se coloca sobre o altar de Deus". *Tractatus in Joannem*, XLV, cap. 9. XLV, cap. 9 [Migne, Patr. lat., t. 35, col. 1.723].

("... e o Senhor te guiará sempre e saciará a tua sede e fortalecerá os teus ossos; e te tornarás qual um jardim irrigado e como uma fonte viva, cujas águas jamais faltarão") pode ser tomado também como o original da citação mencionada. Ez 47,1 também pode ser levado em consideração: "E eis que jorravam águas de sob o limiar do templo... E essas águas escorriam ao lado direito do templo, junto ao altar, em direção ao meio-dia". O Ordenamento Eclesiástico de Hipólito († 235) relaciona a água misturada ao vinho no cálice com o banho do batismo, no qual o homem interior se renova ao mesmo tempo que o corpo[6]. Esta concepção se aproxima bastante do "kratēr" (copa) de Poimandres[7] e do vaso de Hermes, repleto do "nous" e que Deus envia ao homem para que este consiga a ἔννοια[8]. A água tem aí o significado de *pneuma*, isto é, de espírito da profecia e também da *doutrina* que o homem incorporou e transmite aos outros[9]. Encontramos essa mesma ideia da água de natureza espiritual nas "Odes de Salomão"[10]:

"Porque brotou um regato
e tornou-se uma torrente grande e larga.

....

Todos os que tinham sede sobre a terra beberam dela
e a sede foi destruída e extinta,
porque é pelo Altíssimo que a bebida foi dada.
Por isso, felizes os ministros dessa bebida,
aqueles aos quais foi confiada sua água, porque eles
confortaram os lábios ressequidos
e despertaram a vontade entorpecida,
e arrancaram da morte as almas que estavam prestes a deixar
a vida e soergueram os membros desfalecidos. Infundiram
força em sua fraqueza
e luz em seus olhos;

---

6. HENNECKE. *Neutestamentliche Apokryphen*. 1924, p. 579s.

7. BERTHELOT. *Collection des Anciens Alchimistes Grecs*. 1887, III, LI, 8.

8. Corpus Hermeticum. Lib IV, 4. In: SCOTT, W. *Hermetica*, I, p. 151.

9. STRACK, H. & BILLERBECK, P. *Kommentar zum Neuen Testament aus Talmud und Midrasch*. 1924, II, p. 492.

10. Coletânea gnóstica de cânticos do século II. "Ode VI". In: HENNECKE. Op. cit., p. 441. [Nossa tradução se baseia em LABOURT, J. & BATIFOL, P. *Les odes de Salomon*. Paris: [s.e.], 1911, p. 8 (N.T.)].

O símbolo da transformação na missa

porque todos eles se reconheceram no Senhor
e foram redimidos pela *água eterna e imortal*"[11].

O fato da eucaristia ser celebrada com água indica-nos que a preo- 314
cupação principal daqueles cristãos era realizar o mistério através de
uma ação simbólica, e não a observância estrita do relato da instituição (Existiam também outras variantes desse costume, como a "galactofagia" (uso do leite), o que indica o mesmo).

Uma outra interpretação do uso do vinho e da água, que salta aos 315
olhos, é a de Jo 19,34: "Continuo exivit sanguis et aqua". ("E imediatamente saiu sangue e água"). Merece ser mencionada de modo particular a observação de São João Crisóstomo (bispo de Constantino-
pla, † 407), segundo a qual Cristo foi o primeiro a *beber seu próprio
sangue*. (Sobre este ponto, cf. § 344s. do presente volume).

É neste momento da missa que se pronuncia a oração expressiva 316
que se segue:

"Deus, qui humanae substanti-ae dignitatem mirabiliter condidisti, et mirabilius reformasti, da nobis per huius aquae et vini mysterium, eius divinitatis esse consortes, qui humanitatis nostrae fieri dignatus est particeps, Jesus Christus".	"Ó Deus, que maravilhosamente criastes a dignidade da natureza humana e mais prodigiosamente ainda a reformastes, concedei-nos, pelo mistério desta água e deste vinho, sermos participantes da divindade daquele que se dignou revestir-se de nossa humanidade, Jesus Cristo".

3. A elevação do cálice no momento do ofertório

A elevação como estado de suspensão prepara a espiritualização 317
(volatilização) do vinho[12]. A invocação do Espírito Santo no "Veni
sanctificator" (Vinde, ó Santificador), que se segue à apresentação do

---

11. A esse respeito, cf. o ὕδωρ θεῖον, a "aqua permanens" da antiga alquimia, como
também o tratado de KOMARIOS, in BERTHELOT. Op. cit., IV, XX.

12. Esta é *minha* opinião e não a interpretação da Igreja, que nessa ação vê apenas ato
de entrega.

22

Obra Completa — Vol. 11/3

cálice, refere-se a essa espiritualização, e isso muito mais claramente no rito mozarábico[13], onde se diz: "Veni spiritus sanctificator" (Vinde, ó Espírito santificador). Esta invocação se destina, manifestamente, a fazer com que o vinho receba a plenitude do Espírito Santo, pois é este quem *produz, enche e transforma* todas as coisas. "Obumbratio Mariae" (Maria é recoberta com sua sombra), Pentecostes. Antigamente, depois da elevação do ofertório, o cálice era colocado ao lado direito da hóstia, em analogia com a água e o sangue que jorraram do lado direito de Cristo.

4. A incensação das oferendas e do altar

318   O sacerdote faz *três sinais da cruz* com o turíbulo (incensório) sobre as oferendas e traça três *círculos* em torno das mesmas, dois da direita para a esquerda (no sentido contrário ao dos ponteiros do relógio, num movimento sinistrógiro, o que, do ponto de vista psicológico, corresponde a uma "circumambulatia" para baixo, ou seja, a um movimento em direção ao inconsciente) e outro da esquerda para a direita (no sentido dos ponteiros do relógio, psicologicamente em direção à consciência)[14]. Depois disso, segue-se uma complicada incensação do altar[15].

319   A incensação significa o oferecimento de um sacrifício de perfume, que é um resquício da *thysia* original. Mas significa também uma transformação das oferendas e do altar, no sentido da espiritualização de todos os objetos físicos usados no rito. Por fim, significa ainda um apotropeísmo (rito de esconjuro) contra todas as forças demoníacas eventualmente presentes, pelo fato de encher todo o ar ambiente, por assim dizer, com o perfume do *pneuma* (Espírito), tornando-o inadequado para a permanência dos maus espíritos. A fumaça representa o corpo sublimado, o *corpus volatile* ou *spirituale*, o *subtle body* (corpo sutil) de natureza semelhante à da fumaça. Subindo aos

---

13. Do árabe *musta'rib* = arabizado. Trata-se do rito hispano-visigótico.

14. No Budismo cuida-se meticulosamente que a *circumambulatio* seja executada da esquerda para a direita.

15. Só se executa a incensação nas missas solenes.

O símbolo da transformação na missa

ares como substância "espiritual", a fumaça provoca e simboliza a subida da oração; por isso é que se diz a prece: "Dirigatur, Domine, oratio mea, sicut incensum in conspectu tuo"...[16]

Com a incensação encerram-se as ações preparatórias e espiritualizantes do rito da missa. Os dons acabam de ser consagrados e preparados para a transformação propriamente dita. Graças ao "Accendat in nobis Dominus ignem sui amoris" e ao "Lavabo inter innocentes"[17], o sacerdote e a comunidade se acham purificados e preparados para entrar na união mística do ato sacrifical que se seguirá.

5. A epiclese

O "Suscipe, sancta Trinitas" (Recebei, ó Trindade santa), o "Orate fratres" (Orai, irmãos), o "Sanctus" e o Te igitur" (A Vós, portanto) do cânon da missa são orações propiciatórias para garantir a aceitação das oferendas por parte de Deus. Por isso, no rito mozarábico, o prefácio que se pronuncia depois da secreta tem o nome de "Illatio" (sinônimo do grego ἀναφορά), e no rito galicano chama-se "Immolatio" (no sentido de *oblatio*), o que se relaciona com a apresentação dos dons. As palavras pronunciadas depois do *Sanctus*: "Benedictus qui venit in nomine Domini" (Bendito o que vem em nome do Senhor), indicam a manifestação do Senhor preparada e esperada, porque, segundo uma antiquíssima concepção, o ato de pronunciar o nome de uma coisa constitui um "chamamento" (convocação). O nome tem também o poder de tornar presente o seu portador. Depois do cânon (momento de silêncio) seguem-se a "Commemoratio pro vivis" (Comemoração no momento dos vivos) e as outras orações: "Hanc igitur" e "Quam oblationem". A missa mozarábica contém, nesse ponto, a "epiclese" (invocação): "Adesto, adesto, Jesu, bone Pontifex, in medio nostri: sicut fuisti in medio discipulorum tuorum". ("Vinde, vinde, ó Jesus, ó Pontífice misericordioso, ficai conosco como estivestes com os vossos discípulos"). Esta menção do

---

16. (Eleve-se, Senhor, a minha oração, como o incenso, à vossa presença)...

17. (Acenda o Senhor em nós o fogo de seu amor). (Na inocência lavo [as minhas mãos]).

nome de Jesus tem também o sentido de um "chamamento". É uma enfatização do conteúdo do "Benedictus qui venit", e por isso pode ser considerada (e algumas vezes o foi) como *manifestação do Senhor*, isto é, como o ponto culminante e decisivo da celebração da missa.

6. A consagração

322   Na missa romana a consagração constitui o ponto culminante, o momento em que se dá a transubstanciação ou transformação da substância do pão e do vinho no corpo e no sangue do Senhor. As fórmulas da consagração são as seguintes[18]:

Consagração do pão

"Qui, pridie quam pateretur, accepit panem in sanctas ac venerabiles manus suas, et elevatis oculis in caelum ad te Deum Patrem suum omnipotentem, tibi gratias agens, benedixit, fregit, deditque discipulis suis, dicens: Accipite et manducate ex hoc omnes: *Hoc est enim Corpus meum*".

Consagração do cálice

"Simili modo, postquam cenatum est, accipiens et hunc praeclarum calicem in sanctas ac venerabiles manus suas, item tibi gratias agens, benedixit, deditque discipulis suis, dicens: Accipite et bibite ex eo omnes: *Hic est enim Calix Sanguinis mei, novi et aeterni testamenti: mysterium fidei: qui pro vobis et pro multis effundetur in remissionem peccatorum*. Haec quotiescumque feceritis, in mei memoriam facietis."

323   Como o sacerdote e a comunidade, assim como as oferendas e o altar se acham purificados, consagrados, elevados, espiritualizados e, consequentemente preparados, como unidade mística, para a epifa-

---

18. Não se pode traduzir as palavras da consagração em língua profana, por causa de sua santidade. Embora até mesmo certos missais pequem contra essa *sábia* prescrição, eu gostaria de ficar com o texto latino.

O símbolo da transformação na missa   25

nia do Senhor, em virtude das orações e dos ritos da antemissa e do cânon, a prolação das palavras da consagração na primeira pessoa do singular significa que é o próprio Cristo quem as pronuncia, o que implica a sua presença viva no *Corpus mysticum* (Corpo místico) do sacrifício, constituído pelo sacerdote, pela comunidade, pelo pão, pelo vinho e pelo incenso, que formam uma unidade mística. É nesse momento que se manifesta a eternidade do único sacrifício divino, vale dizer, que se torna perceptível num lugar preciso e numa hora determinada, como se uma janela ou uma porta se abrisse para um domínio liberto dos condicionamentos do espaço e do tempo. É nesse sentido, certamente, que devemos entender as palavras de São João Crisóstomo: "Et vox haec semel prolata, in ecclesiis ad unamquamque mensam ab illo ad hodiernum usque tempus et usque ad adventum eius sacrificium perfectum efficit"[19]. É claro que somente a manifestação do Senhor, e não a ação preparatória do sacerdote, é que *perfectum efficit* (torna perfeito), por meio de sua palavra, o *corpus imperfectum* (corpo imperfeito) do sacrifício. Se a ação do sacerdote fosse a *causa efficiens* (causa eficiente), o rito não se distinguiria da magia comum. O sacerdote é apenas *causa ministerialis* (causa ministerial) da transformação que se opera na missa. Aquilo que opera realmente é a presença viva de Cristo, *sua sponte*, por uma decisão livre e gratuita da divindade.

São João Damasceno († 754) diz, na mesma linha de pensamento, que essas palavras têm o poder de consagrar, qualquer que seja o sacerdote que as pronuncie, como se o próprio Cristo as proferisse presencialmente[20]. Duns Scotus († 1308) observa que, ao instituir a ceia, Cristo também quis expressamente *oferecer-se como vítima*, em cada missa, *por intermédio do sacerdote*[21]. Isto significa, sem a menor dúvida, que o ato sacrifical não é executado pelo sacerdote, mas pelo

324

---

19. (Uma vez pronunciadas estas palavras realizam o sacrifício em qualquer altar de nossas igrejas, desde aquele dia até os tempos de hoje, como também até à sua nova vinda.)

20. O texto exato é: "... haec verba virtutem consecrativam sunt consecuta a quocumque sacerdote dicantur, ac si Christus ea praesentialiter proferret. In: BRINKTRINE. *Die heilige Messe*. 1934, p. 192.

21. KLUG, H. *Theologie und Glaube*, 1926, XVIII, p. 335. Apud BRINKTRINE. *Die heilige Messe*, 1934, p. 192.

26 Obra Completa — Vol. 11/3

próprio Cristo. O "agens" (agente) da transformação é, portanto, única e exclusivamente a vontade divina através de Cristo. O Concílio Tridentino explicou que "idem ille Christus continetur et incruente immolatur"[22] (é o próprio Cristo que está contido e é imolado incruentamente) no sacrifício da missa embora não haja aí uma repetição do sacrifício histórico, e sim uma renovação incruenta dele. Como as palavras da instituição têm o poder de realizar o sacrifício, por serem expressão da vontade divina, vem espontaneamente a ideia de qualificá-las metaforicamente como *cutelo* ou *espada* do *sacrifício*, que realiza a *thysia*, conduzida pela vontade divina. Tal comparação partiu de Leonardo Léssio, S.J. († 1623) e desde então tornou-se metáfora corrente na linguagem eclesiástica. Inspira-se em Hb 4,12: "A palavra de Deus é viva, eficaz e mais cortante do que uma espada de dois gumes". Mas também, e talvez mais ainda, em Ap 1,16: "E da sua boca saía uma aguda espada de dois gumes". A *teoria da "mactação"* (imolação) já surgira no século XVI. O seu autor, Cuesta, bispo de León († 1560), afirma, por exemplo, que Cristo é *imolado* pelo sacerdote. Daí surgiu, espontaneamente, a metáfora da espada[23]. Nicolau Cabasilas, arcebispo de Tessalônica († 1363), descreve de maneira muito plástica o rito correspondente da Igreja greco-ortodoxa: "O sacerdote corta um pedaço de pão, pronunciando o texto: 'Era como um cordeiro levado ao matadouro'. – Ao depositar o pão sobre a mesa, diz: 'O Cordeiro de Deus foi imolado'. Em seguida, imprime um sinal da cruz no pão e enfia uma pequena lança no lado do mesmo, nesse momento proferindo o texto: 'Um dos soldados transpassou-lhe o lado com uma lança e saiu sangue e água'. – Vem, em seguida, a 'commixtio' (mistura) do vinho e da água. Coloca-se o cálice ao lado do pão" O δῶρον (dom) *representa também aquele que dá*, ou seja, *Cristo é ao mesmo tempo o sacrificador e o sacrificado*.

325 Kramp afirma: "Tomou-se ora a fração, ora a elevação que precede o Pai-nosso, ora o sinal da cruz do final do "Supplices", ora a

---

22. Sessão XXII. H. DENZINGER. *Enchiridion*, 1921, p. 312.

23. "Missa est sacrificium hac ratione quia Christus aliquio modo moritur et a sacerdote mactatur" (A missa é um sacrifício pelo fato de que Cristo morre nela e de certa maneira é imolado pelo sacerdote). Cf. HAUCK, A. *Realenzyklopädie*, XII, p. 693. A questão da *mactatio* já fora colocada por Nicolau Cabasilas, arcebispo de Tessalônica. Migne, Patr., gr., t. 150, col. 363s. Encontramos a ideia da espada como instrumento sacrifical também nas visões de Zósimo. Cf. adiante, § 344s.

O símbolo da transformação na missa

consagração, como símbolo da morte de Cristo, mas ninguém jamais teve a ideia de considerar essa imolação mística de Cristo como a essência da missa. Por isso não é de admirar que não se encontre na liturgia qualquer alusão a uma *imolação* de Cristo"[24].

7. A grande elevação

O sacerdote levanta as substâncias consagradas e as apresenta à comunidade reunida. Particularmente a hóstia consagrada significa uma "visio" (visão) beatifica do céu, em cumprimento do Sl 26,8: "Tibi dixit cor meum, exquisivit te facies mea: faciem tuam Domine requiram" (Meu coração te disse, minha face te procurou; o teu rosto, Senhor, eu busquei). O Homem-Deus tornou-se presente na hóstia consagrada.

326

8. A pós-consagração

Encontra-se, nessa parte, a expressiva oração "Unde et memores", que aqui reproduzo textualmente, juntamente com o "Supra quae" e o "Supplices":

327

"Unde et memores, Domine, nos servi tui, sed et plebs tua sancta, eiusdem Christi Filii tui, Domini nostri, tam beatae passionis, nec non et ab inferis resurrectionis, sed et in caelos gloriosae ascensionis: offerimus praeclarae majestati tuae de tuis donis ac datis, hostiam puram, hostiam sanctam, hostiam immaculatam, Panem sanctum vitae aeternae, et Calicem salutis perpetuae".	"Por esta razão, Senhor, nós, vossos servos, mas também vosso povo santo, lembrando-nos da bem-aventurada paixão do mesmo Cristo, vosso Filho e Senhor nosso, assim como de sua ressurreição saindo vitorioso do sepulcro e de sua gloriosa ascensão aos céus, oferecemos à vossa augusta majestade, de vossos dons e dádivas, a hóstia pura, a hóstia santa, a hóstia imaculada, o pão santo da vida eterna e o cálice da salvação perpétua".

---

24. *Die Opferanschauungen der römischen Messliturgie*, 1924, p. 56.

"Supra quae propitio ac sereno vultu respicere digneris: et accepta habere, sicuti accepta habere dignatus es munera pueri tui justi Abel, et sacrificium Patriarchae nostri Abrahae: et quod tibi obtulit summus sacerdos tuus Melchisedech, sanctum sacrificium, immaculatam hostiam".

"Sobre estes dons, nós vos pedimos, vos digneis lançar um olhar favorável e recebê-los benignamente, assim como recebestes as ofertas do justo Abel, vosso servo, e o sacrifício de Abraão, vosso patriarca, e o que vos ofereceu vosso sumo sacerdote Melquisedeque, sacrifício santo, hóstia imaculada".

"Supplices te rogamus, omnipotens Deus: jube haec perferri per manus sancti Angeli tui in sublime altare tuum, in eonspectu divinae majestatis tuae: ut, quotquot ex hac altaris participatione sacrosanctum Filii tui Corpus, et Sanguinem sumpserimus, omni benedictione caelesti et gratia repleamur. Per eundem Christum, Dominum nostrum[25] Amem."

"Nós vos suplicamos, humildemente, ó Deus onipotente, que pelas mãos de vosso santo anjo, mandeis levar estas hóstias ao vosso altar sublime, à presença de vossa divina majestade, para que todos os que, participando deste altar, recebermos o sacrossanto Corpo e o Sangue de vosso Filho, sejamos repletos de toda a bênção celeste e da graça. Pelo mesmo Cristo, nosso Senhor. Amém."

328   A primeira destas orações mostra-nos que nas substâncias transformadas está indicada a ideia da ressurreição e da glorificação do Senhor. A segunda oração nos lembra os sacrifícios prefigurativos do Antigo Testamento. Em Abel, trata-se de um sacrifício de cordeiro. Em Abraão, tem-se sobretudo o sacrifício do filho, que é substituído pelo sacrifício animal. Em Melquisedeque não há sacrifício; trata-se de uma homenagem que lhe é prestada por parte de Abraão com pão e vinho. Parece que esta sucessão não é casual, mas obedece a uma gradação. Abel é essencialmente *filho* e sacrifica um *animal*. Abraão é

---

25. BRINKTRINE. Op. cit., p. 200.

O símbolo da transformação na missa

essencialmente pai (e inclusive "fundador de uma estirpe") e, por isso mesmo, ocupa um grau superior; sacrifica não somente um bem escolhido, mas simplesmente o que ele tem de melhor e de mais caro, que é o seu *filho único*. Segundo Hb 7, Melquisedeque (rei de justiça) é rei de Salém e "sacerdote do Deus altíssimo", do El'Elion. Filo de Biblos fala de um "Ελιοῦν ὁ ὕψιστος" como sendo uma divindade cananeia[26]. É bem possível que este Deus seja o próprio Javé. Abraão, entretanto, reconhece a legitimidade do sacerdócio de Melquisedeque[27] pagando-lhe o dízimo a que ele tinha direito[28]. Melquisedeque é colocado acima do Patriarca, graças ao seu sacerdócio. A homenagem que Abraão lhe prestou tem, por isso mesmo, um significado sacerdotal. Por esta razão, devemos atribuir-lhe um sentido simbólico, contido precisamente no pão e no vinho. Com isso, o sacrifício simbólico é colocado numa posição mais elevada ainda do que a do sacrifício do próprio filho, que continua sendo a oblação de um *outro* (e não a de si mesmo). O sacrifício oferecido por Melquisedeque significa, prefigurativamente, o sacrifício que Cristo fará de si próprio.

Na oração "Supplices" pede-se a Deus que ele faça levar o sacrifício "per manus angeli... in sublime altare" (pelas mãos do anjo ... ao altar sublime). Este pedido estranho provém do escrito apócrifo *Epistolae Apostolorum* (Cartas dos Apóstolos), onde se encontra a lenda segundo a qual, antes de se encarnar, Cristo dera ordem aos arcanjos para que o representassem junto ao altar de Deus, durante sua ausência do céu[29]. Sobressai aqui a ideia do sacerdócio eterno que liga Melquisedeque a Cristo.

9. Conclusão do cânon

O sacerdote faz três sinais da cruz com a hóstia sobre o cálice, enquanto pronuncia as palavras: "Per ipsum, et cum ipso, et in ipso"...

---

26. Eusébio bispo de Cesareia, "Praeparatio evangelica", I, cap. IX-X. In MIGNE, Patr. gr., t. 21.

27. Sidik é o nome de um deus fenício.

28. Sir Leonard Wooley explicou o assunto de modo muito interessante em *Abraham, Recent Discoveries and Hebrew Origins,* em que faz um relato sobre as escavações realizadas em Ur.

29. KRAMP. Op. cit., p. 98.

(Por Ele, com Ele e Nele). Em seguida traça outras três cruzes entre ele e o cálice. O sinal da cruz estabelece uma relação de identidade entre a hóstia, o cálice e o sacerdote, inculcando-se, assim, uma vez mais, a unidade entre o sacrifício e suas partes componentes. A união da hóstia com o cálice significa a união que existe entre o corpo e o sangue, isto é, aquilo que constitui a vida do corpo (sangue = alma). Segue-se imediatamente o Pai-nosso.

10. Embolismo e fração
(Embolismo significa inserção)

331 A prece que se reza nesse momento: "Libera nos, quaesumus, Domine, ab omnibus malis, praeteritis, praesentibus et futuris...". (Livrai-nos, nós vos pedimos, Senhor, de todos os males, passados, presentes e futuros), é uma enfatização da última petição do Pai-nosso: "... sed libera nos a malo" (mas livrai-nos do mal). A conexão com a morte de Cristo, que tem lugar no sacrifício, faz-se mediante a descida aos infernos e a consequente destruição do poder infernal. O rito da fração, que vem mais adiante, liga-se, pelo próprio sentido, à morte de Cristo. É o rito em que se divide a hóstia em duas partes, sobre o cálice. Da metade da esquerda, destaca-se uma pequena parte debaixo da partícula, para o rito da "consignatio" (assinalação) e da *commixtio* (mistura). No rito bizantino o pão é dividido em quatro partes, cada uma das quais é marcada com letras, e distribuídas logo

$$I\Sigma$$
após, do seguinte modo: NI KA
$$X\Sigma$$

que significa: "Jesus Cristo vence". Não há dúvida de que essa disposição representa uma *quaternidade*, à qual, como se sabe, desde tempos antigos se atribui o caráter de totalidade. Como as próprias palavras nos mostram, este quaternário se refere ao Cristo glorificado, ao *rex gloriae* (rei da glória) e ao *Pantokrator* (dominador de todas as coisas).

332 Mais complicado ainda do que esse é o rito da fração na liturgia mozarábica. A hóstia é dividida, primeiramente, em duas partes. Em seguida, a parte esquerda é subdividida em cinco outras partes, e a da

O símbolo da transformação na missa 31

direita em quatro. As cinco primeiras partículas recebem, respectivamente, o nome de[30]:

E.
1. *corporatio (incarnatio)*
2. *nativitas*
3. *circumcisio*
4. *apparitio*
5. *passio*

As outras quatro chamam-se:

D.
1. *mors*
2. *resurrectio*
3. *gloria*
4. *regnum*

Os cinco primeiros fragmentos se referem exclusivamente ao aspecto humano da vida do Senhor, e os outros quatro à sua existência supra-terrena. Segundo uma antiga concepção, cinco é o número do homem natural ("hílico" ([físico]), que com os braços e as pernas estendidos e a cabeça forma um pentagrama. O quatro, por outro lado, corresponde à totalidade eterna. É o que se vê também, por exemplo, na palavra gnóstica "Barbelo", que se traduz por "a quaternidade de Deus" (ou "Deus é quatro"). Tal símbolo parece indicar (acrescento isto apenas à guisa de ilustração) que a distribuição no espaço justamente em forma de cruz significa, de um lado, o padecimento da divindade (na cruz) e, de outro, uma dominação do espaço cósmico.

11. A consignatio

O sacerdote traça uma cruz com a partícula sobre o cálice e, em seguida, deixa-a cair no vinho.

---

30. BRINKTRINE. Op. cit., p. 237

12. A commixtio

334   Trata-se da mistura do pão e do vinho, como diz Teodoro de Mopsuéstia († 428): "... conjungit et applicat eos in unum, qua re unicuique manifestatur ea, quamquam duo sunt, tamen unum esse virtualiter"[31]. Na oração que acompanha este rito lê-se: "Haec commixtio et *consecratio* Corporis et Sanguinis Domini nostri"...[32] A expressão "consecratio" parece indicar uma consagração "per contactum" (por contato). Mas isso não seria suficiente para explicar a contradição que se estabelece com a consagração precedente das duas substâncias. Por isso pensa-se no costume que havia de se guardar o sacramento de uma missa para outra, e que consistia em mergulhar a hóstia no vinho e conservá-la amolecida (isto é, misturada). Aliás, fazem-se também misturas na conclusão de toda uma série de ritos. Basta lembrarmos a bênção da água ou a mistura de leite com mel que os neófitos recebiam depois de sua primeira comunhão, segundo consta no Ordenamento Eclesiástico de Hipólito.

335   O *Sacramentarium Leonianum* (século VII) interpreta a *commixtio* como uma mistura das naturezas celeste e humana de Cristo. Segundo uma concepção posterior, constitui também um símbolo da ressurreição, porque reúne, de novo, o sangue (= alma) ao corpo do Senhor que jaz no sepulcro. Numa inversão profundamente significativa do rito batismal, mediante o qual o corpo é mergulhado na água da transformação, na *commixtio* o corpo (a partícula) é imergido no vinho, como símbolo do Espírito, gesto este que corresponde à glorificação do corpo material. Daí, certamente, é que vem o costume de considerar a *commixtio* como símbolo da ressurreição.

13. Recapitulação

336   Uma consideração mais atenta mostra-nos que a missa representa, ora de modo claro, ora apenas alusivamente, ao longo das diversas

---

31. (... reúne-os, formando um conjunto, de modo que todos vejam que, embora sejam dois, constituem virtualmente um único ser). RÜCKER (org.). *Opuscula et Textus.* 1933, f. II. Apud BRINKTRINE. Op. cit., p. 240.

32. (Esta união e consagração do Corpo e do Sangue do Senhor)...

O símbolo da transformação na missa

ações rituais, a vida e a paixão do Senhor, sob forma condensada. Nessas ações, determinadas fases se sobrepõem ou se acham de tal modo associadas, que quase não se pode pensar numa condensação intencional e consciente por parte dos autores dos ritos. Pelo contrário, a impressão que se tem é a de que o desenvolvimento histórico da missa conduziu paulatinamente a uma concreção dos aspectos principais da vida de Cristo. Primeiramente temos (no *Benedictus qui venit* e no *Supra quae*) uma antecipação e uma prefiguração da vinda de Cristo. A prolação das palavras da consagração corresponde não só à encarnação do Logos, mas também à paixão e à morte sacrifical, que volta a ser colocada em destaque na fração. No *Libera nos* indica-se a descida aos infernos, e na *consignatio* e na *commixtio*, a ressurreição.

Há uma unidade mística entre todas as partes integrantes da ação sacrifical, na medida em que os dons oferecidos e o ofertante são uma só e mesma coisa, em que o sacerdote e a assembleia se oferecem a si próprios na dádiva sacrifical, e na medida em que Cristo é ao mesmo tempo o sacrificador e o sacrifício oferecido[33]. Uma referência é a união do dom oferecido e do ofertante na única pessoa de Cristo já se acha na ideia da *Didaché*, segundo a qual do mesmo modo que o pão resulta de muitos grãos de trigo e o vinho de muitos bagos de uva, assim também o *Corpus mysticum*, a Igreja, é constituído pela multidão daqueles que creem. Além do mais, o Corpo místico compreende também os dois sexos, representados pelo vinho e pelo pão[34]. Essas duas substâncias significam, portanto, a *androginia* do Cristo – sendo o vinho o elemento masculino e o pão, o elemento feminino.

A missa, por conseguinte, contém, como núcleo essencial, o mistério e o milagre não só da *transformação de Deus*, que se opera no âmbito humano, assim como o de sua encarnação e de seu retorno ao seu próprio ser-em-si e por-si. Na verdade, o próprio homem foi engloba-

---

33. Essa unidade é ótimo exemplo da *participation mystique* que LÉVY-BRUHL mostrou como sendo característica da psicologia primitiva, mas que recentemente vem sendo posta em dúvida, numa visão estreita e míope, por certos etnólogos. Não se pretende dizer que a ideia dessa unidade seja "primitiva", mas que a *participation mystique* caracteriza o símbolo. Com efeito, o símbolo engloba sempre o inconsciente, o que inclui também o homem, fato este expresso no *caráter numinoso* do símbolo...

34. KRAMP. Op. cit., p. 55.

do, como instrumento atuante, nesse misterioso processo, pela entrega e pelo sacrifício de si mesmo. A entrega que Deus faz de si mesmo é um livre ato de amor, ao passo que o sacrifício em si é uma morte dolorosa, sangrenta[35] e cruel, provocada *instrumentaliter* e *ministerialiter* pelos homens. (O "incruente immolatur" (do Concílio de Trento) refere-se unicamente ao fato em si e não ao seu simbolismo). Os horrores da morte na cruz são imprescindíveis como condição preliminar da transformação. Esta consiste, primeiramente, na vivificação de substâncias inanimadas e, depois, na mudança intrínseca e essencial dessas mesmas substâncias, no sentido de uma espiritualização, em correspondência à concepção original do *pneuma*, como substância constituída de matéria sutil. Tal concepção se expressa na participação concreta no Corpo e Sangue de Cristo, pela comunhão.

---

35. A palavra "sangrenta" deve ser entendida em sentido simbólico, como indica a frase que vem a seguir.

III

Paralelos do mistério da transubstanciação

1. O teoqualo asteca

Embora a missa seja um fenômeno único na história das religiões comparadas, seu conteúdo simbólico seria alheio e estranho ao homem se não estivesse enraizado em sua alma. Ora, uma vez que assim é, creio que podemos encontrar vinculações simbólicas semelhantes, não só na história do espírito, como no mundo das ideias do paganismo contemporâneo à época cristã. Como bem o mostra a oração *supra quae* (do cânon romano), o próprio texto da missa contém referências às prefigurações do Antigo Testamento, e, por inferência, ao simbolismo da antiguidade em geral. Mas isso nos indica que o sacrifício de Cristo e a comunhão da eucaristia desferiram um dos acordes mais profundos da alma humana, qual seja, o sacrifício humano e a antropofagia ritual. Infelizmente, no contexto desta obra, não posso entrar a fundo no rico material etnológico relativo a este tema. Contentar-me-ei em destacar o *sacrifício do rei* (isto é, a morte ritual do rei para propiciar a fertilidade dos campos), a prosperidade de seu país e de seu povo e, consequentemente, a renovação e o restabelecimento da vida dos deuses, por meio de um sacrifício humano e também a *refeição totêmica*, que muitas vezes tem por finalidade unir os que dela participam a seus ancestrais. Creio que basta mencionar tais casos para mostrar a que dimensões e a que profundidade da alma humana se estende nosso símbolo. Trata-se, como se vê, de ideias religiosas antiquíssimas e das mais centrais. Acerca dessas concepções, ainda se paga tributo, frequentemente, em círculos não só leigos como também científicos, ao preconceito de que tais ideias e costumes foram "inventados" outrora, de um modo ou de outro, e em seguida reproduzidos e sucessivamente imitados; por conseguinte, não existiriam na maioria dos lugares em que se manifestam, se não tivessem chegado ali do modo referido. Mas é sempre precário tirar conclusões, no que diz respeito a uma situação primitiva, a partir das condições espirituais modernas e, portanto, civilizadas. De fato, como nos ensina a experiência, a consciência do primitivo é, sob aspectos de grande importância, muito diferente da consciência do homem de nossos dias. Assim, o processo de "inventar" nas sociedades primitivas é algo profundamente diverso daquilo que representa para nós acostumados a que uma novidade expulse a outra. Entre os primitivos nada muda a longo prazo, a não ser, talvez, a linguagem, sem que, no entanto, "invente-se" uma nova. Sua linguagem "vive" e por isso pode transformar-se, o que para muitos lexicógrafos de qualquer língua primitiva constitui numa descoberta desagradável. Mesmo a pitoresca gíria americana nunca foi inventada, mas tem surgido, até agora, numa inesgotável fertilidade, do seio tenebroso da linguagem-mãe coloquial. Muito provavelmente foi de maneira semelhante que se desenvolveram os ritos com seus conteúdos simbólicos, a partir de inícios obscuros e desconhecidos, e isso não apenas num só lugar, mas simultaneamente, em diversas partes, e em épocas diferentes. Surgiram espontaneamente, de pressupostos que jamais foram inventados, mas que existem em todos os lugares, sendo inerentes à natureza humana.

340   Por isso não deve causar admiração o fato de encontrarmos em alguma região, seguramente não atingida por qualquer cultura da antiguidade, ritos que se aproximam consideravelmente dos usos cristãos. Refiro-me, de modo particular, ao rito asteca do *teoquale*, isto é, da "manducação do deus". A descrição deste rito foi transmitida por Fray Bernardino de Sahagun, que em 1929 foi trabalhar como missionário no país dos astecas, oito anos após a conquista do México. Das sementes pisadas e trituradas da papoula-de-espinho (Argemone mexicana) fazia-se uma massa com a qual se preparava o "corpo" do deus Uitzilopochtli. O texto é o seguinte:

"E na manhã seguinte
o corpo de Uitzilopochtli foi sacrificado.
Matou-o (o sacerdote que representava) Quetzalcouatl,
matou-o com um dardo munido de uma ponta de pederneira;

O símbolo da transformação na missa   37

cravou-o no coração dele.
Foi sacrificado na presença (do rei) Motecuhçoma
e do grão-sacerdote
com o qual Uitzilopochtli falava,
diante do qual ele aparecia
e que lhe oferecia sacrifícios,
e (na presença) de quatro chefes dos jovens soldados;
na presença de todos
morreu Uitzilopochtli
E depois que morreu,
partiram-lhe o corpo feito de massa.
O coração pertencia a Motecuhçoma (o rei).
E as outras partes cilíndricas (do seu corpo),
que formavam por assim dizer os ossos,
foram divididas entre (os presentes):
....
Todos os anos eles comem (o corpo)
....
E quando dividem o corpo do deus feito de massa
(cada um recebe) somente um pedaço muito pequeno.
Jovens guerreiros comeram-no.
E esse 'comê-lo' chama-se 'comer o deus'.
E os que o comeram denominam-se 'guardiães do deus'"[1].

A representação do corpo do deus, o seu oferecimento em sacri-   341
fício na presença do grão-sacerdote ao qual o deus aparece e com
quem fala, a transfixão com o dardo, a morte do deus, a partilha ritual
que se segue e o ato de comer (a *communio*) um pedaço do corpo do
deus são paralelos que não se pode subestimar e que, por conseguinte, levantaram não poucos problemas para os sacerdotes espanhóis
de então.

Pouco antes do Cristianismo, desenvolveu-se no seio do *mitraís-*   342
mo uma simbologia sacrifical particular e um ritual correspondente,
que infelizmente só nos é conhecido por meio de monumentos mudos.
Encontra-se um *transitus* (passagem) com o carregamento de um tou-

---

1. *Einige Kapitel aus dem Geschichtswerk des Fray Bernardino de Sahagun*, traduzido
do asteca por ed. Seler, organizado por C. Seler-Sachs, 1927, p. 259s.

ro, bem como um *sacrifício do touro*, do qual promana a fertilidade do ano, representação estereotipada da ação sacrifical flanqueada por dois dadóforos, um dos quais leva a tocha erguida e o outro, a tocha voltada para baixo, uma *ceia* durante a qual se depositam na mesa pães marcados com *cruzes* – e há até mesmo campainhas que provavelmente possuem uma relação bem próxima com as usadas na missa. Do ponto de vista do conteúdo, o sacrifício do culto de Mitra significa um *autossacrifício*, uma vez que o touro, enquanto touro cósmico, era originariamente identificado com Mitra. Daí, provavelmente, provém a expressão estranham ente patética que se espelha na fisionomia do tauróctono[2] (matador do touro), comparável à do crucifixo de Guido Reni. O *transitus* do culto de Mitra corresponde, como tema, ao carregamento da cruz, e a transformação que se processa no sacrifício do touro corresponde à ressurreição do Deus cristão, que se opera na comida e na bebida recebidas na missa. A representação figurativa do sacrifício do touro, isto é, da tauroctonia, corresponde à crucificação entre o malfeitor que sobe aos céus e o malfeitor que desce ao inferno.

343   Creio que, dentre a rica coleção de casos semelhantes extraídos das lendas culturais e dos ritos referentes ao deus que morre, é lamentado e ressuscita, do Oriente Próximo, bastam essas alusões ao culto de Mitra. Aqueles que conhecem, por pouco que seja, tais religiões, não terão dúvidas quanto ao profundo parentesco que há, não só entre os tipos simbólicos, como também entre as ideias[3]. O paganismo contemporâneo do Cristianismo primitivo e dos primeiros séculos da Igreja estava cheio não só dessas representações, como também de especulações filosóficas a respeito delas, e é sobre esse pano de fundo que se desenvolve o pensamento e a visão da filosofia gnóstica.

2. A visão de Zósimo

344   Um dos representantes característicos da corrente gnóstica é Zósimo de Panópolis, filósofo materialista e alquimista do século III, cu-

---

2. CUMONT, F. *Textes et Monuments*, 1899, I, p. 182.

3. Cf. a esse respeito a série de exemplos em FRAZER, J.G. *The Golden Bough*. Parte III *"The Dying God"*. Quanto à prática de comer o peixe eucarístico, cf. meu estudo em *Aion*, I Parte, Capítulo VIII.

O símbolo da transformação na missa 39

jas obras chegaram até nós, embora em estado desordenado, no famoso *Codex Marcianus*, de origem alquímica, e publicadas por M. Berthelot em *Collection des Anciens Alchimistes Grecs*, em 1887. Zósimo fala em diversas passagens de seus tratados[4] a respeito das suas visões oníricas, que ele pretende serem várias, mas que, pelo conteúdo, devem remontar a *um único e mesmo* sonho[5]. Não há dúvida de que Zósimo é um gnóstico pagão e, como se pode deduzir da famosa passagem referente à "Krater"[6] (taça), sobretudo adepto da seita de Poimandres, e assim pois um filósofo hermético. Embora a literatura alquímica conheça um grande número de parábolas, eu hesitaria em colocar entre elas as visões de Zósimo. Para quem conhece a linguagem dos alquimistas, as parábolas devem ser classificadas, evidentemente, como simples alegorias de ideias universalmente aceitas. Em geral, elas nos permitem reconhecer, sem dificuldade, os materiais e os procedimentos que foram cenicamente travestidos, de propósito, em figuras e ações. Nada disso, porém, verifica-se nas visões de Zósimo. Antes de tudo causa estranheza a interpretação alquímica de que o sonho, com seu impressionante desenrolar, outra coisa não visa indicar senão a maneira pela qual se prepara a "água divina". Além disso, uma parábola constitui um todo completo em si, ao passo que essa visão, como um verdadeiro sonho, repete, de várias maneiras, o mesmo e único tema, completando-o sempre com novas amplificações, até chegar a uma clareza maior. Na medida em que é possível emitir um julgamento a respeito da natureza dessas visões, parece que no texto original os conteúdos de uma meditação imaginativa se concentraram em torno do núcleo de um sonho verdadeiro e a ele se mesclaram. Que tenha havido uma tal meditação resulta claramente dos fragmentos de meditações, acrescentados, à guisa de comentário, às referidas visões. Sabemos, por experiência, que tais meditações se desenvolvem muitas vezes de maneira inteiramente figurativa, tal como se o sonho tivesse continuado a um nível próximo da consciência. Em seu *Lexicon Alchemiae*, de 1612, Ruland definiu a meditação

---

4. BERTHELOT. Alch. Grecs, III, 1, 2, 3; III, V; III, VI.

5. Para maiores detalhes, cf. meu trabalho "*Die Visionen des Zosímos*", Ges. Werke. 13. Aí se encontra uma tradução alemã dos textos de Zósimo. Obra Completa, vol. 13.

6. BERTHELOT. Op. cit., III, LI, 8 Cf. § 313.

(que, como se sabe, desempenha um papel de não pequena importância na alquimia) como um *"colloquium internum cum aliquo alio, qui tamen non videtur"*, isto é, com Deus, consigo mesmo ou com o *"proprio angelo bono"*, que é uma forma mitigada e inofensiva do *paredro ou spiritus familiaris* da antiga alquimia. Trata-se, muitas vezes, de um demônio planetário que é forçado a comparecer por meios mágicos. Não há dúvida de que à base desses costumes há originariamente autênticas experiências visionárias. Afinal, uma visão não é mais do que um sonho que irrompeu no estado de vigília. Sabemos por uma série de testemunhos provenientes de vários e diferentes séculos que o alquimista, em seu labor fantástico, provavelmente tinha visões das mais variadas espécies[7], e às vezes se achava ameaçado de demência[8]. Por isso, as visões de Zósimo, como experiências alquímicas, não constituem nada de extraordinário ou desconhecido. Quanto ao conteúdo, não há dúvida de que elas se incluem entre as mais expressivas confissões pessoais que os alquimistas nos legaram.

345   Cito aqui apenas o texto da visão, que discuti detalhadamente em outra obra[9]: "E dizendo isto, adormeci e um sacerdote sacrificante apareceu diante de mim, em cima de um altar que tinha a forma de uma concha achatada. O altar tinha 15 degraus, pelos quais se chegava até ele. O sacerdote estava ali, de pé, e ouvi uma voz vinda do alto, que me dizia: 'Vê, eu desci os 15 degraus das trevas e subi os 15 degraus da luz. E foi o sacerdote quem me renovou, libertando-me da espessura do corpo, e eu fui santificado pela força do destino, e eis-me agora na plenitude, transformado em espírito'. Ouvi a voz daquele que estava sobre o altar, e disse a mim mesmo: vou perguntar-lhe quem é. E ele me respondeu com voz delicada, dizendo: 'Eu sou Ion, o sacerdote dos santuários escondidos e mais interiores, e me submeto a um tormento insuportável. Com efeito, alguém veio às pressas, de madrugada, subjugou-me e me transpassou com uma espada e me dividiu em pedaços, mas de tal maneira, que a disposição de meus

---

7. Cf. *Psychologie und Alchemie*, 1952, p. 340s., Ges. Werke. 12, § 347s., onde apresento alguns exemplos (*Psicologia e alquimia*, OC, 12).

8. OLIMPIODORO atribui esse efeito principalmente ao chumbo. BERTHELOT. Op. cit., II, IV, 43.

9. Cf. *"Die Visionen des Zosimos"*.

O símbolo da transformação na missa   41

membros continua harmoniosamente como antes. E arrancou a pele de minha cabeça com a espada que ele vibrou com força e recolheu os ossos com os fragmentos de carne, queimando tudo no fogo, com a própria mão, até que percebi me haver transformado em espírito. Este é o meu tormento insuportável'. Enquanto falava e eu o obrigava a fazê-lo, seus olhos se tornaram de sangue. Eu o vi transformar-se num homenzinho[10] que perdera uma parte de si mesmo (homenzinho mutilado e diminuído). E arrancava pedaços de sua carne com os próprios dentes e desmaiava".

No decorrer das visões o *hiereus* (sacerdote) aparece sob diversas formas. Primeiramente o verme dividido em *hiereus* e *hierourgon* (aquele que é encarregado de executar o sacrifício). Mas essas duas figuras se confundem na medida em que experimentam a mesma sorte. O sacerdote executor do sacrifício se submete voluntariamente ao tormento e se entrega ao processo de transformação. Mas é *sacrificado* também pelo sacrificante, ao ser *transpassado* ou *decapitado com a espada*. É *dividido* ritualmente em pedaços[11]. O *deipnon* (a ceia) consiste em que ele se dilacera com os próprios dentes e come a própria carne. A *thysia* (o sacrifício) consiste em ser ele queimado sobre o altar como carne sacrifical.   346

É *hiereus*, na medida em que tem poder sobre todo o rito e sobre os homens, que são também transformados mediante a *thysia*. Chama-se a si mesmo de *guardião dos espíritos*. Recebe igualmente o título de "*homem de bronze*" e ξυρουργός (barbeiro). A expressão "homem de bronze" é uma referência aos espíritos metálicos ou planetários concebidos como figuras que atuam no drama sacrifical. Supõe-se que se trata dos πάρεδροι que eram forçados a comparecer por meios mágicos, o que se pode deduzir da observação de Zósimo quando este diz que "obrigou" violentamente o sacerdote a lhe responder. Os espíritos nada mais são do que os deuses antigos do Olimpo que somente expiraram no século XVIII da era cristã, transfor-   347

---

10. Portanto, um *homunculus* (ἀνθρωπάριον).

11. O tema da divisão em pedaços se insere no contexto mais vasto do simbolismo do *novo nascimento*. Por isso, desempenha um papel significativo nas experiências de iniciação dos xamãs ou curandeiros, que são divididos em pedaços e a seguir recompostos. (Exemplos detalhados em M. ELIADE. *Le Chamanisme*, 1951, p. 47s.).

mando-se em almas metálicas, quando o paganismo reapareceu de novo, abertamente, durante o Iluminismo francês.

348   O termo "barbeiro"[12] é estranho em si mesmo, pois jamais se fala de uma tosquia (corte de cabelo) e sim de *escalpação*; em nosso contexto, isto parece estar em íntima relação com os ritos antigos do esfolamento e seu sentido mágico[13]. Lembremos, por exemplo, o esfolamento de Mársias, que é uma figura análoga ao filho-amante de Cibele, Átis, o deus que morre e ressuscita. Um antigo rito ático de fertilidade consiste no esfolamento, na empalhação e reanimação de uma vaca. Através de Heródoto (IV, 60), já se conheciam diversos usos citas de esfolamento, em particular o das escalpações. Os ritos de esfolamento em geral significam um processo de *mudança* de um estado pior para um estado melhor; consequentemente, uma renovação e um novo nascimento. É na religião do antigo México que encontramos talvez os melhores exemplos[14]. Para renovar a deusa lunar, por exemplo, *decapitava-se* uma mulher e *tirava-se-lhe* a pele; em seguida enrolava-se um homem com essa pele, representando-se, assim, a deusa ressuscitada. O modelo desse rito de renovação corresponde provavelmente à mudança anual de pele das serpentes. O esfolamento, que no caso em questão se limita à cabeça, poderia talvez ser explicado com a ideia fundamental da visão, isto é, a ideia da transformação *espiritual*. O corte dos cabelos sempre esteve ligado à consagração, isto é, à transformação ou iniciação espiritual. Os sacerdotes

---

12. Maiores detalhes em *"Die Visionen des Zosimos"*.

13. Uma série de exemplos em: FRAZER, J.G. Op. cit., Parte IV: *"Adonis, Attis, Osíris"*, 1907, p. 242s. e 405; e em meu livro *Symbole der Wandlung*, 1952, p. 668s. Cf. tb. CAMPBELL, C. *The Miraculous Birth of King Amon-Hotep* III, 1912, p. 142: (trata-se de uma apresentação do morto Sen-nezem diante de Osíris, senhor de Amentet) "In this scene the god is usually represented enthroned. Before and behind him, hanging from a pole, is the dripping skin of a slain bull that was slaughtered to yield up the soul of Osiris at his reconstruction, with the vase underneath to catch the blood. (Nesta cena o deus é representado, sentado num trono. Na frente e atrás dele, pendendo de um poste, acha-se a pele gotejante de sangue de um touro imolado, a fim de restituir a alma de Osíris por ocasião de sua reconstituição, com um vaso embaixo, para receber o sangue).

14. Cf. a exposição de Seler em: HASTINGS. *Encyclopaedia of Religion and Ethics*, VIII, p. 615s.

O símbolo da transformação na missa   43

de Ísis usavam o crânio raspado e, como se sabe, a tonsura é comum até os dias de hoje. Esse "sintoma" poderia ser explicado através da ideia antiga de que o que foi transformado é uma criança recém-nascida (neófito, *quasimodogenitus*) cuja cabeça é calva. No rito pagão original, o herói perde todos os cabelos durante a incubação, isto é, durante sua permanência no ventre do monstro, devido ao calor aí reinante ("calor da incubação")[15]. O uso da tesoura, que se baseia nessas ideias primitivas, pressupõe naturalmente a presença do barbeiro ritual[16]. É estranho encontrarmos o barbeiro em outro "mistério" alquímico: *Chymische Hochzeit*[17] (Núpcias Químicas), de 1616. Nessa obra, o herói é atacado de surpresa por barbeiros invisíveis à entrada do misterioso castelo, e sofre uma espécie de tonsura[18]. Neste caso também o corte de cabelo está associado logicamente à iniciação e ao processo de *transformação em geral*[19].

No decorrer das visões, encontra-se ainda a versão particular do *dragão* que é morto e sacrificado, tal como o sacerdote. O primeiro é portanto, muito provavelmente, o equivalente do sacerdote. Lembramos aqui, espontaneamente, daquelas representações medievais que se encontram fora da alquimia e nas quais não é o Cristo que

349

---

15. Exemplos reunidos em FROBENIUS, L. *Das Zeitalter des Sonnengottes*, 1904, p. 30.

16. Os barbeiros, como classe relativamente abastada no antigo Egito, o que indica a existência de uma profissão florescente. (Cf. ERMAN. *Ägypten und ägyptisches Leben im Altertum*, 1885, p. 411).

17. *Chymische Hochzeit*, datada de 1459 e publicada em 1616, em Strasbourg. Foi escrita por Johann Valentin Andreae e editada sob o nome de Christian Rosencreutz. Cf. "*Die Psychologie der Vbertragung*", Ges. Werke, 16 (Obr. compl. XVI).

18. Visto que Andreae era um alquimista erudito, não fica excluído o fato de que pudesse ter visto uma cópia do *Codex Marcianus*, que nos transmite os escritos de Zósimo. Tais manuscritos existem em Gotha, Leipzig, Munique e Weimar. Das impressões, só conheço uma edição italiana do século XVI.

19. O "corte de cabelo de um homem" e a "depenação de uma ave", que mencionaremos mais adiante, quando tratarmos das receitas sacrificais mágicas, pertencem também a esse contexto. A "troca de perucas" por ocasião do julgamento no Egito poderia talvez referir-se a um tema semelhante. Cf. a descrição do sepulcro de Sen-nezem em CAMPBELL. Op. cit., p. 143. Quando o morto é conduzido à presença de Osíris, sua peruca é *preta*. Logo em seguida (durante o sacrifício, segundo o papiro de Ani), é *branca*.

44 Obra Completa — Vol. 11/3

pende na cruz, mas a serpente (cf. tb. a comparação de Cristo com a serpente de Moisés em Jo 3,14).

350 Uma característica do sacerdote, digna de nota, é o *homunculus*, que outra coisa não é senão o espírito do chumbo ou espírito planetário correspondente a Saturno. Na época de Zósimo, Saturno era considerado o *Deus dos judeus*, talvez não só por causa da santificação do sábado (em alemão, sábado = *Samstag* = *Saturnstag*)[20], isto é, dia de Saturno), como também por causa da comparação gnóstica com o arconte supremo Jaldabaoth ("filho do caos"); este, juntamente com Baal, Cronos e Saturno, pertence a uma série, que recebe a qualificação de λεοντοειδής (semelhante ao leão)[21]. A designação árabe posterior de ZÓSIMO como Al-'Jbri (o hebreu), entretanto, não prova que ele tenha sido realmente judeu. Mas é possível deduzir de seus escritos, com certeza, que ele possuía algum conhecimento das tradições judaicas[22]. O paralelismo Deus dos judeus – Saturno é de grande importância para a concepção dos alquimistas a respeito da transmutação do Deus do Antigo para o Novo Testamento. Na qualidade de ser o mais exterior dos planetas, assim como arconte supremo (que os harranitas chamam de "primaz") e como o demiúrgico Jaldabaoth, Saturno tem naturalmente uma grande importância[23], por ser precisamente aquele *spiritus niger* que se encontra mergulhado nas trevas da matéria. É aquele deus ou parte divina tragados pela própria criatura. É o deus tenebroso que retorna ao estado original e luminoso no mistério da transformação dos alquimistas. A *"Aurora Consur-*

---

20. Cf. PLUTARCO. "Quaestiones convivales" IV, 5 e DIÓGENES LAÉRCIO, II, § 112. (REITZENSTEIN. *Poimandres*, 1904, p. 75s. e 112). Num texto atribuído a Maslama Al-Madjriti e chamado *Ghâya al-hakîm* dá-se a seguinte norma para a invocação de Saturno: "Arrive vêtu à la manière des juifs, car il est leur patron". DOZY & DE GOEJE. *Nouveaux documents pour L'étude de la religion des Harraniens*, 1883, p. 350.

21. ORÍGENES. *Contra Celsum*, VI. 31. [MIGNE, Patr. Graeca. t. 11, 1342, 1344]. MEAD. *Pistis Sophia*, Capítulo 31. BOUSSET, *Hauptprobleme der Gnosis*, 1907, p. 351s. Cf. ROSCHER. "Kronos", *Lexikon*, II, col. 1.496. O dragão (χρόνος) e Cronos se confundem com muita frequência.

22. LIPPMANN, E.V. *Entstehung und Ausbreitung der Alchemie*, 1931, II, p. 229.

23. Cf. meu estudo em *Aion*, 1951, p. 114s. [OC 9/2, § 128s.].

O símbolo da transformação na missa   45

gens" (Parte 1) diz: "Beatus homo qui invenerit hanc scientiam et cui affluit *providentia Saturni*"[24].

Além da morte do dragão, a alquimia posterior conheceu também a morte do leão, pelo menos sob a modalidade da extirpação das quatro patas do animal. O leão também se devora a si mesmo como o dragão[25]. Por isso, certamente, outra coisa não é senão uma variante da figura do dragão.

O objetivo geral do processo de transformação acha-se indicado, na própria visão, como a espiritualização do sacerdote sacrificante: ele deve transformar-se no "pneuma". Também se lê que ele pretende *"transformar os corpos em sangue, restituir a visão aos olhos e ressuscitar os mortos"*. Ele aparece, numa cena de glorificação, como *alvinitente* e *como sol do meio-dia*.

Do desenrolar das visões depreende-se, sem mais, que o sacrificante e o sacrificado constituem uma só pessoa. Essa ideia da identidade entre a primeira e a última matéria, entre o que dissolve e o que vai ser dissolvido, perpassa toda a alquimia, do começo ao fim. "Unus est lapis, una medicina, unum vas, unum regimen, unaque dispositio"[26] é a fórmula-chave para se compreender a linguagem enigmática dos alquimistas. Na alquimia grega, a mesma ideia se acha expressa na fórmula: ἕν τό πάν (um todo único). Seu símbolo é o Ouroboros, que se devora a si mesmo. Na visão de que se trata, é o sacerdote que, como sacrificante de si mesmo, devora-se, como vítima sacrificada. Essa autofagia ressoa na ideia de São João Crisóstomo, segundo a qual Cristo bebeu seu próprio sangue na eucaristia. Completando, podemos acrescentar que Ele come também sua própria carne. A manducação horripilante do sonho de Zósimo lembra-nos as ceias orgiásticas e a retalhadura dos animais sacrificais no culto de

---

24. (Feliz o homem que encontra essa sabedoria e para o qual aflui a inteligência de Saturno).

25. Ilustração em REUSNER. *Pandora*, 1588, e no frontispício do *Poliphile*, de Beroalde de Verville, 1600. As representações em geral contêm dois leões que se entredevoram. Entretanto, Ouroboros é representado muitas vezes como dois dragões que fazem o mesmo (*Viridarium Chymicum*, 1624).

26. (Uma só é a pedra, um só o remédio, um só o recipiente, um só o processo e uma só a disposição). Cf. *Rosarium Philosophorum*, in: *Artis Auriferae*, 1593, II, p. 206.

Dionísio. Esses animais representam o próprio Dionísio Zagreu, retalhado pelos titãs e de cujo corpo despedaçado provém, como se sabe, o νέος Διόνυσος[27].

354   Diz-nos Zósimo que a visão representa ou explica a maneira de "produzir a água"[28]. As próprias visões mostram apenas o processo de transmutação no "pneuma". Mas na linguagem dos alquimistas "pneuma" e água são sinônimos[29], da mesma forma que na linguagem cristã primitiva, onde a água significa *spiritus veritatis*. No *Livro de Crates* lê-se: "Tu liquefazes os corpos de modo a se misturarem e se τρανσφορμαρεμ num fluido homogêneo que se chama 'água divina'"[30]. Esta passagem corresponde ao texto de Zósimo em que o sacerdote "pre-

---

27. Cf. o fragmento de "Os Cretenses" de Eurípedes (DIETERICH. Eine Mithrasliturgie, 1910, p. 105):

Ἁγνὸν δὲ βίον τείνων ἐξ οὗ
Διὸς 'Ιδαίου μύστης γενόμην
Καὶ νυχτιπόλου Ζαγρέως βούτας
Τοὺς ὠμοφάγους δατας τελεσας.

(... vivo uma vida sagrada desde que me iniciei nos mistérios de Zeus Ideu, e como a carne crua das vacas de Zagreu, o pastor noctâmbulo).

28. Cf. BERTHELOT. Op. cit., III, I, 2.

29. "Est et coelestis aqua sive potius divina Chymistarum... pneuma... ex aetheris natura et essentia rerum quinta". (Existe também a água celeste ou água divina dos alquimistas... um "pneuma... proveniente da natureza do éter e a quintessência da natureza). BARBARUS, H. *Corollarium in Dioscoridem*, apud MAJER, M. *Symbola Aureae Mensae*, 1617, p. 174.

"Spiritus autem in hac arte nihil aliud quam aquam indicari ..." (Espírito nessa arte não indica outra coisa senão água). HOGHELANDE, T. *Theatrum Chemicum*, 1602, I, p. 196. "Água" é um "spiritus extrahendus" ou um "spiritus qui in ventre (corporis) occultus est, et fiet aqua et corpus absque spiritu: qui est spiritualis naturae" (... um espírito que deve ser extraído... um espírito que se acha escondido no ventre da matéria, e surgirá uma água ou um corpo sem espírito de natureza espiritual). MYLIUS. *Philosophia Reformata*, 1622, p. 150. Esta citação nos mostra claramente como a "água" e o "espírito" se achavam intimamente ligados na mente dos alquimistas.

"Sed aqua coelestis gloriosa, scl. aes nostrum, ac argentum nostrum, sericum nostrum, totaque oratio nostra, quod est unum et idem, scl. *sapientia*, quam Deus obtulit, quibus voluit" (Mas a água celeste e gloriosa, isto é, nosso bronze, nossa prata, nosso material brilhante e todo o nosso discurso, tudo é uma só e mesma coisa, quer dizer, é a *sabedoria* que Deus concedeu a quem Ele quis). "Consilium Conjugii". In: *Ars Chemica*, 1566, p. 120.

30. BERTHELOT. *La Chimie au Moyen Age*, 1893, III, p. 53.

O símbolo da transformação na missa

tende transformar os corpos em sangue". A "água" e o "vinho" são substâncias idênticas para os alquimistas. A transformação indica a *solutio* ou *liquefactio*, pois a "água" também é "fogo": "Item ignis... est aqua et ignis noster est ignis, et non ignis"[31]. A "aqua nostra" é "ignea"[32].

O "secretus ignis nostrae philosophiae" é "nostra aqua mystica".   355 Ou a "aqua permanens" é a "forma ignea verae aquae"[33]. A "aqua permanens" (ou seja, precisamente o ὕδωρ θεῖον dos gregos) tem também o sentido de "spiritualis sanguis"[34] e é idêntica ao sangue e à água que jorram da Chaga do lado de Cristo. Heinrich Khunrath nos diz: "Assim se abrirá para ti uma torrente salvífica, que brota do coração do filho do grande mundo". É uma água "que o próprio filho do grande mundo nos dá e que provém do seu corpo e do seu coração, como verdadeira *aqua vitae*".[35] A "água divina" dimana do ato sacrifical da visão de Zósimo, da mesma forma que uma água espiritual da graça e da verdade brota do sacrifício de Cristo. Encontramos também essa "água divina" no antigo tratado intitulado *Ísis an Hórus*[36], onde o anjo Amnael leva-a num recipiente a profetisa. Como Zósimo talvez seja membro da seita de Poimandres, o "kratēr" que Deus enchia com o "nous", destinando-o àqueles homens que deviam alcançar a ἔννοια (inteligência), também pertence a este contexto[37]. Mas o *nous é idêntico ao Mercúrio da alquimia*. É isto o que se pode deduzir da citação de Ostanes, feita por Zósimo, e onde se lê: "Vai às torrentes do Nilo e lá encontrarás uma pedra que possui um espírito. Toma-a e faze-a em pedaços; estende a tua mão e retira o coração do interior da pedra, pois sua alma está no seu coração". Comentando esta

---

31. (Porque o fogo... é água e nosso fogo é fogo e não é fogo ao mesmo tempo).

32. MYLIUS. Op. cit., p. 121 e 123. A respeito da igualdade água=sangue=fogo, cf. RIPLEY, G. *Opera Omnia Chemica*, 1649, p. 162, 197, 295 e 427.

33. RIPLEY. Op. cit., p. 62; *Rosarium Philosophorum*, p. 264.

34. MYLIUS. Op. cit., p. 42.

35. KHUNRATH, H. *Von Hylealischen... Chaos*, 1597, p. 274s.

36. BERTHELOT, *Alch. Grecs*, I, XIII.

37. Ibid., III, LI, 8, e *Hermetica*, IV, 4 (org. W. SCOTT, I, p. 151).

citação, Zósimo diz que "possuir um espírito é uma expressão figurativa da *exhydrargyrosis*, isto é, da expulsão do mercúrio[38].

356 Nos primeiros séculos da era cristã os termos "nous" e "pneuma" eram usados indistintamente, de modo que um podia ser usado em lugar do outro. Além disso, o relacionamento de Mercúrio com o Espírito é um fato bastante antigo na Astrologia. Da mesma forma que Hermes, Mercúrio também (em correspondência, o espírito planetário Mercúrio) é um deus de revelação, que manifesta aos seus adeptos o mistério da arte. No *Liber Platonis Quartorum* que, por sua origem harmônica, não deve ser datado além do século X, lê-se com referência a Mercúrio (espírito planetário): "Ipse enim aperit clausiones operum, cum ingenio, et intellectu suo"[39]. Além disso, é também a "alma dos corpos", a *anima vitalis*[40]. Ruland define-o como o "espírito que se tornou terra"[41]. Mercúrio é um espírito que penetra nas profundezas do mundo corpóreo com sua força transformadora. É simbolizado pela *serpente*, tal como o "nous". Segundo Michael Majer, ele é o indicador do caminho do paraíso terrestre[42]. É identificado com Hermes Trismegisto[43] e denominado "mediador"[44] e homem primordial, o "Adão hermafrodita"[45]. Deduz-se de numerosas passagens que Mercúrio não só é *água*, mas também *fogo*, os quais caracterizam, por sua vez, a natureza do Espírito[46].

---

38. Ibid., III, VI, 5 (cf. § 160 deste volume).

39. (É ele, com efeito, quem descerra com seu engenho e com seu intelecto os problemas fechados na obra). *Theatrum Chemicum*, 1622, V, p. 155. Dos autores mais recentes, menciono STEEBUS, *Coelum Sephiroticum*, 1679. "Omnis intellectus acuminis auctor... a coelesti mercurio omnium ingeniorum vim provenire" (O autor de qualquer inteligência mais profunda... a força de qualquer engenho provém do mercúrio celeste). Quanto ao aspecto astrológico, cf. LECLERCQ, B. *L'Astrologie Grecque*, 1899, p. 312, 321.

40. *Aurora Consurgens*. Em MYLIUS. Op. cit., p. 533, é dispensador da vida.

41. *Lexicon Alchemiae*, 1612.

42. *Symbola Aureae Mensae*, 1617, p. 592.

43. Ibid., p. 600.

44. RIPLEY. *Opera*, Prólogo; e em KHUNRATH. Op. cit. Em Plutarco, Mercúrio desempenha o papel de alma do outro mundo.

45. DORNEUS. *Theatrum Chemicum*, 1602, I, p. 589.

46. Cf. "*Der Geist Mercurius*", Ges. Werke, 13 (OC, 13, cap. IV).

O símbolo da transformação na missa

A *morte pela espada* é um tema que volta frequentemente nos tratados dos alquimistas. Com uma espada se parte o "ovo filosófico", e é com uma espada que o "rei" é transpassado. É também com ela que se corta em pedaços o dragão ou o *corpus*, representado sob a forma de um corpo humano do qual foram decepados os membros e a cabeça[47]. É também com uma espada que se amputam as patas do leão, como já mencionamos anteriormente. Em resumo: é a espada da alquimia que opera a *solutio* ou a *separatio elementorum*, mediante as quais o estado caótico inicial é restabelecido, de modo que então se produz um corpo novo e mais perfeito, em virtude de uma nova *impressio formae* ou *imaginatio*. Por isso é que a espada tem o significado do *occidit et vivificat*. (mata e dá vida), que também se aplica à "aqua permanens sive mercurialis". Mercúrio é aquele que produz a vida, destruindo a antiga forma. A espada, que na simbologia da Igreja sai da boca do Filho do homem (Ap 1,16), é *Logos*, o *Verbum Dei*, o próprio Cristo, segundo Hb 4,12. Essa analogia, evidentemente, era muito apropriada à fantasia dos alquimistas, sempre em luta pela expressão. Mercúrio era naturalmente o seu "mediator" e "salvator", seu "Filius macrocosmi" (em oposição a Cristo, tido como "Filius Microcosmi")[48], aquele que dissolve e separa. Mercúrio é também a espada, pois é um "espírito penetrante" ("penetrabilior ancipti gladio") (mais penetrante do que uma espada de dois gumes). Um alquimista do século XVI, Gerhard Dorn, diz, por exemplo, que em nosso mundo a espada se transmudou em Cristo, nosso Salvador, e a esse respeito faz as seguintes reflexões:

"Muito tempo depois da queda de Adão, o "Deus Optimus Maximus" entrou no mais íntimo de seus mistérios, onde, movido pela misericórdia de seu amor e pela acusação da sua justiça, resolveu arrancar a espada de sua ira das mãos do anjo, pondo em seu lugar um anzol de ouro, de três dentes, depois de haver dependurado a espada na árvore; desse modo, a ira de Deus se converteu em amor... Quan-

357

---

47. Ilustração em *"Splendor Solis"* in: *Aureum Vellus*, 1598.

48. Cf. H. KHUNRATH. Op. cit., e *Amphitheatrum Sapientiae Aeternae*, 1604.

do a Paz e a Justiça finalmente se abraçaram, jorrou do alto, com mais abundância, a água que agora irriga o mundo inteiro[49].

---

49. DORNEUS, G. *"Speculativa Philosophia"*, in: *Theatrum Chemicum*, 1602, I, p. 284s. A citação completa é a seguinte: "Post primam hominis inobedientiam, Dominus viam hanc amplissimam in callem strictissimam difficilimamque (ut videtis) restrinxit, in cuius ostio collocavit Cherubin angelum, ancipitem gladium manu tenentem, quo quidem arceret omnes ab introitu felicis patriae: hinc deflectentes Adae filii propter peccatum primi sui parentis, in sinistram latam sibimet viam construxerunt, quam evitastis. Longo postea temporis intervallo D.O.M. secreta secretorum suorum introivit, in quibus amore miserente, accusanteque iustitia, conclusit angelo gladium ira e suae de manibus eripere, cuius loco tridentem hamum substituit aureum, gladio ad arborem suspenso: et sic mutata est ira Dei in amorem, servata iustitia: quod antequam fieret, fluvius iste non erat, ut iam, in se collectus, sed ante lapsum per totum orbem terrarum roris instar expansus aequaliter: post vero rediit unde processerat, tandem ut pax et iustitia sunt osculatae se, descendit affluentius ab alto manans aqua gratiae, totum nunc mundum alluens. In sinistram partem qui deflectunt, partim suspensum in arbore gladium videntes, eiusque noscentes historiam, quia mundo nimium sunt insiti, praetereunt: nonnulli videntes eius efficaciam perquirere negligunt alii nec vident, nec vidisse voluissent: hi recta peregrinationem suam ad vallem dirigunt omnes, nisi per hamos resipiscentiae, vel poenitentiae nonnulli retrahantur ad montem Sion. Nostro iam saeculo (quod gratiae est) mutatus est gladius in Christum salvatorem nostrum, qui crucis arborem pro peccatis nostris ascendit. Haec omnia legum naturae, divinaeque, tum gratiae tempora denotant". Depois da primeira desobediência do homem, o Senhor reduziu (como bem o vedes) esta estrada amplíssima numa vereda estreitíssima e difícil e colocou à sua entrada um anjo querubim armado de uma espada, para impedir a todos o acesso à pátria feliz. Desviando-se dela, os filhos de Adão, em consequência do pecado de seu primeiro pai construíram para si, à esquerda, uma estrada larga que vós evitastes. Muito tempo depois da queda de Adão, o Deus boníssimo e supremo entrou no mais íntimo de seus mistérios, onde movido pelo seu amor misericordioso e pela acusação da justiça, resolveu arrancar da mão do anjo a espada de sua ira, pondo em lugar dela o anzol de ouro de três dentes, depois de haver pendurado a espada na árvore. Deste modo a ira de Deus se converteu em amor, sem prejuízo da justiça. Antes disto ter acontecido, este rio ainda não se encontrava recolhido, como agora, estava mais espalhado, antes da queda, de maneira uniforme por toda a terra como o orvalho. Depois, entretanto, refluiu para o lugar de onde se havia originado. Afinal, quando a paz e a justiça se abraçaram, jorrou do alto, com mais abundância ainda, a água que agora irriga o mundo inteiro. Uma parte dos que se desviam para a esquerda, vendo a espada dependurada na árvore e conhecendo a sua história, passam adiante, pois estão por demais imersos no mundo, enquanto outros, vendo sua eficácia, negligenciam procurá-la, e outros, ou não veem, ou não desejam vê-la; enfim, todos estes dirigem diretamente os seus passos de peregrinos para o vale das lágrimas, e só pelo anzol do arrependimento, isto é, da penitência, é que são levados de volta ao monte Sião. Em nossa era (que é a era da graça), a espada se transmudou em Jesus Cristo, nosso Salvador, que subiu à árvore da cruz, pelos nossos pecados. Tudo isto nos indica que vivemos nos tempos das leis da natureza, como também da graça divina. Ver também o próximo capítulo e *"Der philosophische Baum"*, Ges. Werke, 13 (Obra Completa, vol. 13).

O símbolo da transformação na missa

Mas esta passagem, que bem poderia estar em Rabano Mauro ou em Honório de Autun, sem nenhum desdouro para estes autores, encontra-se num contexto que revela a doutrina misteriosa e oculta dos alquimistas, ou seja, num *colloquium* entre *animus*, *anima* e *corpus*. É a *sofia*, isto é, a sapiência, ciência ou filosofia dos alquimistas, *de cuius fonte scaturiunt aquae*. Esta sabedoria é o monstro preso e escondido no seio da matéria, a *serpens mercurialis* ou o *humidum radicale*, que se manifesta sob a forma da "viventis aquae fluvius de montis apice"[50]. Trata-se da água da graça, a *aqua permanens* e divina que "agora irriga o mundo inteiro". A transmutação de Deus, ou seja, ao que parece, a do Antigo para o Novo Testamento, é na realidade a transmutação do *Deus absconditus*, isto é, da *natura abscondita* na *medicina catholica* da sabedoria alquímica[51].

A função divisora e separadora, que desempenha papel de importância na alquimia, encontra sua prefiguração na *espada flamejante do anjo* que *separa* nossos primeiros pais do paraíso, como se pode deduzir da passagem de Dorneus anteriormente citada "angelo gladium irae eripere!" (arrancar da mão do anjo a espada da ira). A separação por meio da espada também aparece na gnose órfica. O cosmos terrestre se acha envolvido por um círculo de fogo que abarca também o paraíso[52]. O paraíso e o círculo de fogo foram separados, no entanto, pela "espada flamejante". Encontramos em Simão Mago[53] uma interpretação da espada flamejante. Existe algo de incorruptível, potencialmente, em cada um de nós; é o *pneuma* de Deus, "que está em cima e embaixo, na torrente de água". A respeito disso, diz Simão: "Eu e tu, tu antes de mim; eu sou aquele que vem

---

50. A observação de DORNEUS. Op. cit., p. 288: "(gladium) arbori supra fluminis ripam suspensum fuisse" [(a espada) que foi suspensa na árvore à beira do rio] aponta na mesma direção.

51. Dorneus nos diz algumas páginas adiante: "Scitote, fratres, omnia quae superius dicta sunt, et dicentur in posterum, intelligi posse de praeparationibus alchemicis" (Ficai sabendo, irmãos, que tudo quanto foi dito acima, e também será dito posteriormente, pode ser aplicado ao labor da alquimia).

52. LEISEGANG. *Die Gnosis*, 1924, p. 171s.

53. O que se segue está em HIPÓLITO. *Elenchos*, org. P. WENDLAND, 1916, vol. III, VI, 4s. [Cf. Migne, *Patr. gr.*, 16, col. 3219, sob o nome de Orígenes, mas que, muito certamente, é da autoria de Hipólito; cf. Altaner, *Patrologie*, 1958, p. 146 (N.T.)].

depois de ti". Esta é uma força "que se gera a si própria, que cresce por si mesma, que é sua própria mãe, sua irmã, seu próprio cônjuge, sua filha, seu filho, seu pai, uma coisa única, pelo fato de ser a raiz de tudo o que existe". Por constituir o fundamento do ser, ela é o *apetite genesíaco* que promana do fogo. O fogo está em relação com o sangue, cuja constituição é quente e vermelha como o *fogo*. O sangue se transforma em esperma no homem e em leite na mulher. Essa transformação identifica-se com a *"espada flamejante que se transforma para guardar o caminho da vida"*[54]. E o princípio, no esperma e no leite, transmuda-se em pai e mãe. A árvore da vida é guardada pela espada flamejante que também se transforma. Essa espada é a sétima força, que dimana de si mesma. "Se a espada flamejante não se transformasse, o belo madeiro se corromperia e pereceria. Mas quando se converte em esperma e em leite, se o Logos vier e o lugar do Senhor onde o Logos é engendrado, aquele que está em potência (no esperma e no leite) crescerá até atingir sua grandeza plena; começando por uma diminuta centelha, aumentará e tornar-se-á uma força ilimitada e imutável, igual a um éon inalterável, que não retornará à existência por toda a eternidade"[55]. Dessas estranhas informações de Hipólito sobre a doutrina de Simão podemos deduzir com toda evidência que a espada significa muito mais do que um simples instrumento de separação. Ela é também a própria força que se transforma, partindo do menor para o maior, da água, do fogo, do sangue, até atingir o éon infinito. É uma transformação do espírito vital, presente no homem, até chegar à forma divina. A natureza do homem se transforma em *pneuma*, tal como se pode concluir da visão de Zósimo. A descrição do *pneuma* criador, isto é, da substância transformadora, corresponde, na doutrina de Simão, em cada um de seus detalhes, exatamente à do *Ouroboros*, a *serpens mercurialis* dos autores latinos. Também é pai, mãe, filho e filha, irmão e irmã, desde "os primeiros tempos até o final da alquimia"[56]. O Ouroboros é o gerador de si

---

54. Cf. Gn 3,24.

55. LEISEGANG. Op. cit., p. 80.

56. Por isso é chamado de *Hermafrodito*.

O símbolo da transformação na missa

mesmo, o seu próprio sacrificante e o seu próprio instrumento sacrifical, pois é um símbolo da água que mata e que faz viver[57].

Mas as ideias de Simão também lançam uma luz particular sobre **360** a passagem de Dorneus, citada anteriormente, onde a espada da ira se transforma, até alcançar a divindade, na pessoa de Cristo. Se os *Philosophoumena* de Hipólito não tivessem sido descobertos só no século XIX, no monte Atos, dir-se-ia, quase necessariamente, que Dorneus os utilizara. Mas na alquimia há outros símbolos cuja origem não se sabe se provém de uma tradição direta ou do estudo dos heresiólogos ou de um ressurgimento espontâneo[58].

A espada reaparece mais tarde como instrumento sacrifical **361** "próprio", no antigo tratado intitulado *Consilium Coniugii de Massa Solis et Lunae*: "Oportet enim utrumque occidi gladio proprio"[59]. ("Utrumque" aqui se refere ao Sol e à Lua). Num tratado ainda mais antigo, talvez pertencente ao século XI e conhecido como *Tractatus Micreris*[60], encontramos a "espada de fogo" numa citação de Ostanes: "Astanus (Ostanes) maximus ait: Accipe ovum *et igneo* percute *gladio*, eiusque animam a corpore sequestra"[61]. A espada aparece aqui como aquilo que separa a alma do corpo. Essa separação corresponde àquela que há entre o céu e a terra, entre o círculo de fogo e o paraíso, entre o paraíso e os primeiros pais. Nas *Allegoriae Sapientum supra Librum Turbae*, um tratado igualmente antigo, voltamos a encontrar todo o rito sacrifical: "Item accipe volatile, et priva capite

---

57. O *escorpião* representa-o como suicida.

58. Até agora só encontrei um escritor alquimista que diz ter lido o *Panarium* de Epifânio, onde este Padre da Igreja manifesta toda a sua repulsa pelas heresias. Entretanto, o silêncio dos alquimistas em relação a este aspecto não é de causar espanto, pois a simples proximidade da heresia já constitui um perigo para a vida. Por isso, mais ou menos 90 anos depois da morte de Tritêmio de Spanheim, o suposto mestre de Paracelso, o abade Sigismundo de Seon escreveu um tratado de defesa, em que procura limpar Tritêmio da acusação de heresia (Cf. *Trithemius sui-ipsius Vindex*, 1616).

59. (Ambos devem ser mortos com a própria espada). *Ars Chemica*, 1566, p. 259. Reproduzido em MANGET, *Bibliotheca Chemica Curiosa*, 1702, II, p. 235s.

60. Parece que o termo "Micreris" é uma corruptela de "Mercurius". Esse tratado se acha reproduzido em *Theatrum Chemicum*, 1622, V, p. 101s.

61. (Diz-nos o grande Astano: Toma um ovo e quebra-o com um golpe da espada de fogo e separa sua alma do corpo). Op. cit., p. 103.

igneo gladio deinde pennis denuda, et artus separa, et supra carbones coque, quousque unus color fiat"[62], Trata-se de uma decapitação executada com a espada de fogo e, a seguir, de um "corte de cabelo" que no caso em questão é uma "depenação", e por fim de um cozinheiro. O galo, que provavelmente se trata, é chamado de *volatile*, o que de modo geral *spiritus*, evidentemente um espírito de natureza ainda imperfeita, que precisa melhorar, Em outro tratado, igualmente antigo e intitulado *Allegoriae super Librum Turbae*[63], encontramos as seguintes variantes que completam a nossa passagem: "Matrem (matéria-prima) mortifica, manus eius et pedes abscindens"[64]. "Viperam sume... priva cam capite et cauda"[65]. "Recipe Gallum... vivum plumis priva"[66]. "Accipe hominem, tonde eum, et trahe super lapidem"[67]. "Accipe vitrum cum sponso et sponsa, et proiice eos in fornacem, et fac assare per tres dies, et tunc erunt duo in carne una"[68]. "Accipe illum album hominem de vase"...[69]

362   Podemos levantar aqui a hipótese de que essas receitas talvez sejam antigas prescrições sacrificais para fins mágicos, semelhantes às dos papiros mágicos gregos[70]. Citemos, por exemplo, a receita do *Papiro Mimaut*, linha 2s: "Toma uma taça, transforma-a em Osíris (ἀποθέωσις = oferecimento de um sacrifício), (mergulhando) o corpo na água. E tendo-o mergulhado, fala-lhe às costas". Um outro exemplo extraído do mesmo papiro (linha 425) é o seguinte: "Toma uma poupa, arranca-lhe o coração e lança-o em mel ático"...

---

62. (Toma o volátil e decepa-lhe a cabeça com a espada de fogo; em seguida, depena-o, corta-lhe os membros e cozinha sobre carvões acesos, até que adquira uma só cor). Op. cit., p. 68.

63. *Artis Auriterae*, 1593, I, p. 139s.

64. (Mata a mãe, decepando-lhe as mãos e os pés). Op. cit., p. 151.

65. (Toma a víbora e decepa-lhe a cabeça e a cauda). Op. cit., p. 140.

66. (Toma o galo e depena-o vivo). Op. cit.

67. (Toma o homem, corta-lhe o cabelo e arrasta-o por cima da pedra, isto é, enxuga-o em cima de uma pedra quente). Op. cit., p. 139.

68. (Toma o vidro com o esposo e a esposa dentro e lança-os ao forno, deixando-os assar durante três dias, e serão então dois em sua carne). Op. cit., p. 151.

69. (Tira o homem branco do vaso). Op. cit.

70. *Papyri Graecae Magicae*, traduzidos e organizados por Karl Preisendanz, 2 vols., 1928 e 1931.

O símbolo da transformação na missa

Na realidade, tais sacrifícios eram oferecidos para conjurar o Paredro, o *spiritus familiaris*, (Mefistófeles é o *familiaris* de Fausto!) Que isso acontecesse entre os alquimistas, ou pelo menos fosse aconselhado, é o que se deduz do *Liber Platonis Quartorum*[71], que nos fala dos *oblationes et sacrificia* que se ofereciam ao espírito planetário. Uma outra passagem poderia indicar razões ainda mais profundas. Insiste-se aí em que o recipiente deve ser redondo, "para imitar o que está em cima e o que está embaixo". O "artifex" é chamado de "transformador do firmamento e do crânio" (*testae capitis*) O "redondo" é uma "coisa simples", necessária para a obra. É projetado para fora do "crânio", "videlicet capitis elementi hominis" (isto é, do elemento principal do homem)[72]. 363

Poder-se-á perguntar em que sentido devem ser tomadas essas prescrições. Existe a esse respeito um relato muito instrutivo da *Ghâya al-hakim* harrânica: 364

O patriarca jacobita Dionísio I nos conta que em 765 um homem que fora destinado a ser sacrificado assustou-se ao ver a cabeça ensanguentada de seu predecessor. Fugiu, então, e foi acusar os sacrificadores de Harran junto a Abbâs, prefeito da Mesopotâmia. Os sacrificadores foram depois duramente castigados. O califa Mamûm teria dito aos enviados harrânicos, em 830: "Sois, sem dúvida, daquela gente da cabeça, com a qual meu pai teve de se haver". – Através da Ghâya conhecemos a seguinte prática: um homem de cabelos louros e de olhos azul-escuros é atraído para a dependência de um templo e ali mergulhado num recipiente de óleo de sésamo (gergelim). Fica encerrado de tal modo que só a cabeça permanece de fora. É mantido assim durante 40 dias, só se alimentando de figos amolecidos no óleo de sésamo. Não lhe dão água para beber. Isto lhe macera o corpo a ponto de torná-lo mole como cera. O prisioneiro é incensado diversas e repetidas vezes, enquanto se pronuncia sobre ele fórmulas mágicas. Por fim, decepam-lhe a cabeça, na altura da primeira vértebra cervical, ficando o resto do corpo dentro do óleo. A cabeça é, então, 365

---

71. *Theatrum Chemicum*, 1622, V, p. 153.

72. Ibid., p. 151; com referência a essa questão, também p. 127-128, 130, 149, entre outras.

depositada em um nicho, sobre um monte de cinzas de oliveiras, e é envolvida de algodão. Novamente incensado profere a seguir revelações a respeito da carestia ou da boa colheita, assim como a respeito da mudança das dinastias e outros acontecimentos futuros. Seus olhos podem enxergar, mas as pestanas não se movem mais. A cabeça revela aos homens seus pensamentos mais íntimos. Também lhe fazem perguntas científicas ou relacionadas com trabalho artesanal[73].

366   Embora seja possível que a cabeça tenha sido substituída em época posterior por um simulacro correspondente, a ideia dessa cerimônia, especialmente em conexão com a passagem do *Liber Quartorum* anteriormente citada, parece aludir a uma cabeça humana original. Mas o conceito de uma cabeça misteriosa talvez seja mais antigo do que a escola de Harran. Em Zósimo já encontramos a designação dos filósofos como "filhos da cabeça de ouro", e também o chamado elemento redondo que Zósimo denomina de Ω (ômega). Parece que esse símbolo é interpretado como cabeça, porque o *Liber Quartorum* também relaciona o recipiente redondo com a cabeça. Além disso, Zósimo menciona várias vezes a "pedra alvíssima que se encontra dentro da cabeça" (τὸν πάνυ λευχότατον λίθον τὸν ἐγχέφαλον)[74]. É provável que essas ideias remontem à *cabeça* decepada *de Osíris* que atravessa o mar, e que talvez por isso tenha sido relacionada com a ressurreição. Na alquimia posterior, a "cabeça de Osíris" também desempenha um determinado papel.

367   Neste contexto convém mencionar a lenda que circulava a respeito de Gerbert de Reims, posteriormente Papa Silvestre II († 1003). Dizia-se que ele possuía uma *cabeça de ouro* que lhe comunicava oráculos. Gerbert, um dos maiores sábios de seu tempo, era considerado como mediador da ciência dos árabes[75]. A tradução do *Liber Quartorum*, de origem harrânica, remontaria a ele? Infelizmente, é pouca a possibilidade de estabelecer-se alguma prova nesse sentido.

---

73. DOZY & DE GOEJE. *Nouveaux documents pour l'étude de la religion des harraniens*, 1883, p. 365.

74. BERTHELOT. *Alch. grecs*, III, XXIX, 4, bem como I, III, I e III, II, I.

75. THORNDIKE. *A History of Magic and Experimental Science*, I, p. 705.

O símbolo da transformação na missa

A cabeça oracular de Harran talvez possa ser relacionada com o terafim do antigo judaísmo, como alguém já supôs. A tradição rabínica considera o terafim ora como uma cabeça humana separada do corpo, portanto um crânio, ora como uma cabeça artificial[76]. Os terafins eram guardados em casa como uma espécie de penates (plural, como lares e cabiros). A ideia de que eram cabeças humanas se relaciona com ISm 19,13, onde se descreve o modo pelo qual Micol, mulher de Davi, colocou um terafim no leito do marido, a fim de enganar os mensageiros de Saul: "Micol tomou o terafim, colocou-o na cama, pondo-lhe em redor da cabeça um tecido de pelos de cabra e cobrindo tudo com um manto". O "tecido de pelos de cabra" é filologicamente obscuro e deu margem para interpretar os terafins como "bodes". Talvez se tratasse de uma peruca, o que corresponderia melhor à figura de um homem deitado no leito. Como prova disso, há outro argumento que se acha indicado numa lenda proveniente de uma coletânea de midraxes do século XII, publicada em *Die Sagen der Juden*, de Bin Gorion: "Os *terafins* eram ídolos fabricados da seguinte forma: decepava-se a cabeça de um homem, que devia ser primogênito, e em seguida seu cabelo era cortado; a cabeça era tratada depois com sal e untada com óleo; tomava-se uma pequena placa de cobre ou de ouro, na qual se escrevia o nome de um deus (ídolo); essa placa era colocada embaixo da língua da cabeça decepada; a cabeça era então exposta numa câmara. Diante dela se acendiam velas e as pessoas se prostravam em sua presença. Quando alguém se prostrava, a cabeça começava a falar e a responder a todas as perguntas que lhe eram dirigidas"[77].

Trata-se evidentemente de um paralelo do rito harrânico da cabeça. O processo de arrancar os cabelos parece muito significativo, pois é o equivalente da escalpação ou do corte de cabelo e, consequentemente, também do novo nascimento. Mas é improvável que o crânio sem cabelos tenha sido recoberto com uma peruca por ocasião da celebração de um rito de renovação, como o que se conta no que concerne ao Egito.

---

76. *The Jewish Encyclopaedia*, 1906, XII, verbete "Teraphim".
77. JOSEF BIN GORION. *Die Sagen der Juden*, 1935. p. 325. O Dr. RIWKAH SCHAERF muito amavelmente me chamou a atenção para essa tradição.

370   Há uma certa probabilidade de que esse procedimento mágico seja de *origem primitiva*. Devo ao escritor Laurens van der Post o seguinte relato verídico:

A tribo da qual vamos tratar é um ramo da grande nação Swazi, um povo banto. Anos atrás, quando o chefe morreu, sucedeu-lhe o filho, jovem fraco de caráter. Em breve mostrou-se de tal modo incapaz de exercer sua posição que seus tios convocaram uma assembleia dos anciãos da tribo. Decidiram que era preciso fazer alguma coisa para fortalecer o ânimo de seu chefe; para isso consultaram os curandeiros da tribo, que o trataram com "medicamentos". Como o "tratamento" não surtisse efeito, realizou-se uma segunda assembleia, na qual os anciãos decidiram que os curandeiros deviam aplicar ao chefe o mais forte de todos os medicamentos, pois a situação política tornava-se cada vez mais crítica, e o prestígio e a autoridade do soberano enfraqueciam. Como resultado dessa resolução, escolheu-se um meio irmão do chefe, um jovem de 12 anos, para servir de material preparatório do "medicamento". Certa tarde, um feiticeiro foi ao prado onde o referido jovem vigiava o gado e o envolveu numa conversa. Em seguida, despejou na mão um pó que trazia num chifre, e o soprou nos ouvidos e nas narinas do jovem, por meio de um canudo. Uma testemunha ocular contou-me que logo depois o jovem começou a vacilar, como se estivesse embriagado, e acabou caindo no chão, enquanto tremores percorriam-lhe o corpo. Em seguida, foi levado ao rio e amarrado à raiz de uma árvore. O terreno ao seu redor também foi tratado com o mesmo pó, enquanto o feiticeiro pronunciava estas palavras: "Este homem não tomará nenhum outro alimento e só comerá terra e raízes". O jovem permaneceu, então, nove meses no leito do rio. Algumas pessoas dizem que foi construída uma jaula, que era mergulhada no rio várias horas, com o jovem dentro, a fim de que as águas o lavassem e o tornassem branco. Outros dizem que viram o menino arrastar-se de quatro pelo leito do rio. Embora a escola da missão ficasse apenas a 100 jardas daquele lugar, as pessoas estavam de tal modo amedrontadas que não ousavam aproximar-se do jovem, excetuando os que se achavam encarregados de executar o ritual. Todos estavam certos e concordes em que, ao final de nove meses, esse jovem estaria bem nutrido e sadio como um animal e sua pele branca. Uma mulher disse: "Seus olhos estavam brancos e tam-

O símbolo da transformação na missa

bém o seu corpo, como um papel branco". Ao aproximar-se o momento em que o jovem devia ser morto, um curandeiro foi chamado à cabana do chefe e convidado a consultar os espíritos da tribo. A fim de fazer isso, dirigiu-se ao estábulo das vacas e lá se entreteve com os espíritos. Em seguida, escolheu uma rês para a imolação e, tendo-a abatido, dirigiu-se à cabana do chefe, onde lhe entregaram partes do corpo do jovem (que fora morto naquele meio-tempo): primeiramente a mão, dentro de um saco, e, em seguida, um dos polegares e um dedo do pé. O feiticeiro cortou, então, o nariz, as orelhas e os lábios (do morto), juntou-lhes "medicamento" e cozinhou tudo junto numa panela de barro quebrada, sobre o fogo. Enfiou duas lanças no chão, uma de cada lado da panela. Depois disso, as doze pessoas que estavam presentes, incluindo o chefe, inclinaram-se sobre a panela fumegante, inalaram profundamente o vapor que subia, e, mergulhando os dedos no caldo, lambiam-nos. Todos fizeram assim, exceto a mãe do jovem, que também estava presente. Ela inalava também o vapor, mas recusou-se a mergulhar o dedo na panela. Com o resto do corpo, o feiticeiro fez uma espécie de pão, com o qual se deveria tratar a colheita da tribo.

Embora não represente o mistério propriamente dito da cabeça, esse rito mágico tem diversos pontos de contato com as práticas anteriormente analisadas: o corpo é macerado ou transformado por meio de uma demorada imersão; a vítima é morta; partes importantes do corpo constituem os ingredientes básicos do remédio "que fortalece" e que se destina ao chefe e a seu círculo imediato. O corpo é transformado numa espécie de "pão" simbólico que, naturalmente, foi concebido como "remédio que fortalece" as plantas alimentícias da tribo. O rito é um processo de transformação, um dos aspectos de um novo nascimento após uma incubação de nove meses dentro da água. Laurens van der Post sustenta a opinião de que o "branqueamento"[78] tem por finalidade uma adaptação ao homem branco que detém o poder político. Estou de acordo com esta concepção, acrescentando porém que a pintura com argila branca, praticada em diversos lugares, significa a transformação nos espíritos (ancestrais); isto se asse-

---

78. Cf. a "albedo" dos alquimistas, bem como o *homo albus* acima mencionado. Cf. § 361 deste volume.

melha ao processo de tornar invisíveis os neófitos, tal como se pratica na região dos nandis, onde eles circulam ocultos em pequenas choças cônicas portáteis, feitas de palha, anunciando assim a sua invisibilidade.

372   O culto do crânio é um procedimento espalhado por toda parte. Na Melanésia e na Polinésia são principalmente os crânios dos ancestrais que estabelecem a relação com os espíritos ou servem de paládios, como acontece, por exemplo, com a cabeça de Osíris, no Egito. O crânio desempenha também papel considerável entre as relíquias dos santos. Iríamos muito longe, se entrássemos a fundo no estudo do culto primitivo do crânio. Por isso, remeto o leitor à literatura especializada[79]. Gostaria, no entanto, de ressaltar que as orelhas, o nariz e a boca cortados podem também ser considerados, como a cabeça, "pars pro toto", e são muitos os exemplos conhecidos a esse respeito. A cabeça, e partes dela (como o cérebro), são usadas como alimento de eficácia mágica ou como meio de aumentar a fertilidade dos campos.

373   É de particular importância para a tradição alquímica o fato de que na Grécia também se conhecia a cabeça oracular. Eliano[80], por exemplo, relata-nos que Cleômenes de Esparta guardava a cabeça de seu amigo Arcônidas numa panela contendo mel e a consultava como oráculo. O mesmo se dizia da cabeça de Orfeu[81]. Onians nos lembra muito acertadamente que a ψυχή (psique), cuja sede era a cabeça, corresponde ao "inconsciente" moderno, e isto naquele estágio em que a consciência era localizada, com o Θυμός e o φρένες, dentro do peito ou na região do coração. Por isso é que a expressão de Píndaro, designando a alma como "αἰῶνος εἴδωλον" (imagem do éon), é sumamente significativa, pois o inconsciente coletivo não produz apenas oráculos, como também sempre representa o microcosmo.

374   Não há indícios seguros acerca da origem das visões de Zósimo. Parece que se trata em parte de tradições e em parte de formações espontâneas da fantasia, sendo que estas promanam das mesmas bases arquetípicas das quais as primeiras haviam se originado. Como bem mostram os exemplos apresentados, o conteúdo simbólico das visões

---

79. HASTINGS. *Encyclopaedia of Religion and Ethics*, VI, p. 535s.

80. *Varia Htstoria*, XII, 8.

81. ONIANS, R.B. *The Origins of European Thought*, 1951, p. 101s.

O símbolo da transformação na missa

de Zósimo, já por si estranhas, não se acha isolado, mas intimamente entrelaçado, não só com as representações mais antigas que Zósimo conheceu (em parte, com certeza, e em parte, com bastante probabilidade), mas também com paralelos de uma época que é difícil determinar e que exerceram influência sobre os alquimistas por muitos séculos ainda. O pensamento dos primeiros séculos do cristianismo está fora de qualquer relação com o espírito da alquimia, mas entre um e outro correm vários fios nos dois sentidos, tendo este mesmo espírito fecundado, posteriormente, a filosofia naturalista. No fim do século XVI a *Opus dos alquimistas foi representada inclusive sob a forma de uma missa*. O autor dessa proeza foi o alquimista Melchior Cibinensis. Já mencionei este paralelo num outro contexto e remeto o leitor à minha obra indicada na nota abaixo[82].

Nas visões de Zósimo o "hiereus" que se transforma em "pneuma" representa *o processo de transformação da natureza e o jogo das forças naturais antagônicas*. A filosofia chinesa clássica expressa esse processo como sendo a ação conjunta do "yang" e do "yin"[83]. As personificações e símbolos estranhos que caracterizam não só essas visões, como a alquimia de modo geral, mostra-nos também que se trata principalmente de um processo físico que se passa de preferência no plano do inconsciente; é por isso que só pode tornar-se consciente em sonhos e em visões. Naquela época, e ainda por muitos séculos, não se tinha uma visão e uma noção do inconsciente. Conteúdos que talvez tenham sido experimentados na esfera do inconsciente eram projetados no objeto; ou melhor: apresentavam-se como algo de objetivo ou como propriedades perceptíveis da natureza e não como acontecimentos que se passavam no interior da alma. Mas em Zósimo encontramos numerosos testemunhos de que ele percebia claramente o aspecto espiritual ou místico de sua arte filosófica. No entanto, o que ele aprendia não era para ele de natureza psíquica, mas sim um espírito que tinha suas raízes nas coisas naturais e não nas profundezas da alma humana. A "desespiritualização" da natureza

375

---

82. *Pychologie und Alchemie*, 1952, p. 538s. Ges. Werke, 12 § 480-489. (*Psicologia e alquimia*, vol. 12).

83. Cf. a esse respeito o exemplo clássico do *I Ging* (organizado por Richard Wilhelm, 1924).

seria tarefa das modernas ciências físicas e naturais, com seu chamado conhecimento objetivo da matéria. As projeções antropomórficas foram retiradas, uma a uma, do objeto, o que fez com que, por um lado, a identidade mística do homem com a natureza fosse reduzida a proporções até então desconhecidas[84]; por outro lado, houve um despertar tão acentuado do insconsciente, em decorrência do recolhimento das projeções para o interior da alma, que nos tempos modernos já não se pode mais deixar de postular a existência de uma psique inconsciente. As primeiras indicações a este respeito já se encontram em Leibniz e Kant; depois, em proporção crescente e mais rápida, em Schelling, Carus e Von Hartmann, até que por fim a psicologia moderna acabou com as últimas pretensões metafísicas dos psicólogos filosofantes, reduzindo a ideia da vida psíquica ao enunciado psicológico, isto é, à fenomenologia psicológica. Mas, dado que o desenrolar do drama da missa representa a morte, a imolação e a ressurreição de um Deus, e também a inclusão e a participação do sacerdote e da comunidade cultural, podemos muito bem colocar sua fenomenologia em relação com determinados usos cultuais de natureza fundamentalmente semelhante, apesar de serem primitivos. É forçoso encarar o mal-estar que se apodera de nossa sensibilidade ao "compararmos o pequeno com o grande". Ressalto, no entanto, no plano do conhecimento da alma primitiva, que os "horrores sagrados" que assaltam o homem civilizado não se distinguem substancialmente dos que assediam o homem primitivo. O deus que está presente e atuante no mistério constitui um enigma para ambos. Por mais acentuadas que sejam as diferenças externas, não se deve contudo perder de vista a semelhança ou a identidade de sentido.

---

84. A identidade "mística" e, portanto, *inconsciente* se acha presente em qualquer caso de projeção, pelo fato do conteúdo produzir no objeto estranho uma semelhança perceptível dele com o sujeito.

IV

Psicologia da Missa

1. Considerações gerais sobre o sacrifício da missa

Na exposição que fiz do rito da transubstanciação, no Capítulo II, segui a interpretação da Igreja; agora analisarei esse rito psicologicamente, como símbolo. Como método, tal maneira de proceder não significa uma *avaliação dos conteúdos da fé*. Embora a ciência crítica deva manter-se fiel ao ponto de vista de que um ato de pensar, uma opinião, um ato de crer não expressam senão uma realidade de ordem psicológica, isto não implica que o resultado nada signifique; pelo contrário, esse resultado é a expressão de uma realidade psíquica, isto é, da realidade que está à base dos enunciados da fé ou do rito, um modo empiricamente compreensível. Quando a Psicologia "explica" um enunciado dessa espécie, em primeiro lugar não está negando a realidade objetiva desse enunciado, reconhecendo sua realidade psíquica; em segundo lugar, não confere outro fundamento ao *enunciado*, em termos de metafísica, pois ainda assim este não deixaria de ser também um fenômeno psíquico. O fato de qualificá-lo como "metafísico" indica que seu objetivo, exceto a maneira psíquica de manifestar-se, escapa ao alcance da percepção e do intelecto humano, não podendo por isso ser submetido a julgamento. Qualquer ciência alcança seu limite final diante do incognoscível. Mas não seria mais ciência se considerasse cada limite provisório como definitivo e negasse a existência de algo que está para além disso. Nenhuma ciência considera uma hipótese sua como definitiva.

A interpretação psicológica acha-se tão pouco em contradição com o enunciado expresso em termos metafísicos quanto, por exemplo, a explicação física da matéria contradiz a natureza (ainda desconhecida ou incognoscível). O pressuposto da fé em si contém a realidade de um fato psíquico. Mas desconhecemos o que está contido sob o termo "psique", uma vez que a Psicologia se acha numa posição desvantajosa: o observador e o objeto observado são, em última análise, uma só e mesma coisa. Infelizmente, a Psicologia não dispõe de um ponto de apoio externo, como o de Arquimedes, pois toda percepção é de natureza psíquica e só por via indireta é que conhecemos o não psíquico.

378   O que se passa na missa possui um duplo aspecto: um humano e outro divino. Sob o ponto de vista humano, oferecem-se dons a Deus sobre o altar, e esses dons significam a doação da própria pessoa do sacerdote e da comunidade. A ação ritual consagra os dons e aqueles que os oferecem. Essa ação recorda e representa a última ceia celebrada pelo Senhor com seus discípulos, bem como a Encarnação, a Paixão, a Morte e a Ressurreição. Do ponto de vista divino, porém, o agir antropomórfico constitui apenas uma casca ou invólucro em que tem lugar uma ação não humana, mas divina. A vida de Cristo, eternamente presente na intemporalidade divina, torna-se perceptível e se desenrola numa sucessão temporal, embora sob a forma concentrada da ação sagrada: Cristo se encarna, torna-se homem, "sub specie" das substâncias oferecidas, sofre e é morto, jaz no sepulcro e, por fim, quebra o poder do inferno, ressuscitando glorioso. Ao serem pronunciadas as palavras da consagração, a própria divindade intervém com sua ação e com sua presença, indicando com isso que tudo o que acontece de essencial na missa é um ato de sua graça, sendo que ao sacerdote, bem como à comunidade e às substâncias oferecidas, compete apenas um significado instrumental. O sacerdote, a comunidade e as substâncias oferecidas são apenas *causas ministeriales* do acontecimento sagrado. A presença da própria divindade reúne as diversas partes do ato sacrifical num todo místico, numa unidade mística, de sorte que é o próprio Deus quem se oferece a si mesmo em sacrifício nas substâncias consagradas, na pessoa do sacerdote e na comunidade, e se imola como vítima de expiação ao Pai sob a forma humana do Filho.

379   Embora esse ato seja um acontecimento divino, inclui a humanidade como parte integrante e indispensável. De um lado, Deus assume a natureza humana; mas, de outro, precisa da cooperação ministerial do sacerdote e da comunidade e mesmo das substâncias

O símbolo da transformação na missa 65

materiais do pão e do vinho, que têm, antes de tudo, um significado específico para o homem. Embora Deus tenha, como Pai e Filho, uma única natureza, manifesta-se no tempo, por um lado, como Pai eterno e, por outro, como homem, com uma vida terrena e limitada. A humanidade como um todo se acha incluída nessa natureza humana de Deus e, consequentemente, está associada ao ato sacrifical de Cristo. Assim como a divindade é, simultaneamente, *agens* e *patiens* da ação sacrifical, o homem também o é na medida de sua capacidade limitada. A causa eficiente da transubstanciação é um ato livre e espontâneo da graça divina. A doutrina da Igreja insiste nesse conceito, atribuindo a ação preparatória do sacerdote e a execução do rito em geral mais ao impulso da graça do que à natureza indolente do homem, emaranhada como se encontra no pecado original[1]. Essa concepção é da maior importância para a compreensão psicológica da missa. Qualquer preponderância do aspecto mágico do rito aproxima-o da sede egoística de poder, puramente humana, ou mesmo infra-humana, desfazendo assim a unidade do *Corpus Mysticum* da Igreja. Mas onde o rito é entendido como uma ação do próprio Deus, o homem, que se acha associado a ela, possui apenas um significado instrumental. Por isso, o conceito da Igreja a respeito da missa pressupõe o seguinte quadro psicológico: a consciência humana (representada pela comunidade e pelo sacerdote) se acha em face de um acontecimento ("divino" e "intemporal") autônomo, que se desenrola sobre uma base que transcende o plano da consciência e não depende, absolutamente, do comportamento humano; antes, pelo contrário, incita e mesmo utiliza o homem como instrumento, tornando-o ator do acontecimento "divino". Com a ação ritual, o homem se coloca à disposição de um autônomo "eterno", isto é, de um "agente" que transcende as categorias da consciência – "si parva componere licet magnis" – da mesma forma que, por exemplo, um bom artista não apenas representa o seu papel, como também se empolga pelo gênio do dramaturgo. *A beleza da ação cultual* é um requisito indispensável, pois o homem não servirá a Deus corretamente se não o servir também com a beleza. É por isso que no culto não existe a fria *objetividade*, pois esta implica *utilidade*, que é uma categoria pura-

---

1. Em correspondência com Jo 6, 44: "Nemo potest venire ad me, nisi Pater, qui misit me, traxerit eum".

mente humana. Ora, tudo o que é divino é *um fim em si mesmo* e o único fim absoluto que conhecemos. Mas saber como o que é eterno pode "agir" no tempo constitui uma questão a ser evitada, pois simplesmente não pode ser respondida. Assim como o homem é um *instrumento* (voluntário) no acontecimento da missa, também é incapaz de compreender o que quer que seja a respeito da mão que se utiliza dele. O martelo não contém em si próprio aquilo que o faz bater. É um ser situado fora dele, autônomo que dele se apodera e o põe em movimento. O acontecimento da *consecratio* é e deve ser um milagre; senão o homem deveria julgar que Deus é magicamente constrangido a comparecer, ou então seria motivo de pasmo filosófico a possibilidade de um ser eterno operar simplesmente no tempo, uma vez que o "agir" é um processo que se desenrola no tempo, com início, meio e fim. A transubstanciação *deve* ser um milagre que o homem de forma nenhuma é capaz de entender. É um *mysterium* no sentido de um δειχνύμενον e um δρώμενον, isto é, de um arcano que se mostra e se realiza. O homem comum não percebe o que poderia tê-lo motivado a representar um mistério. Ele só o pode e o faz, se e enquanto está dominado pelo mistério. A situação em que o homem é dominado, a existência de algo que se apodera dele e que é sentido ou visto como situado fora do âmbito da consciência, é o milagre "par excellence", um milagre real e verdadeiro, desde que se atente para o que está sendo representado. O que, em todo o mundo, poderia fazer com que o homem representasse o simplesmente impossível? Que outra coisa, senão o milagre, teria podido levar o homem ao máximo de esforço, à mais amorosa criação da beleza, ao mais heroico sacrifício de si mesmo e até à contínua prontidão para servir através de milênios? Trata-se de um milagre do qual o homem não pode dispor, pois se quiser fazê-lo, procurando refletir filosoficamente sobre sua natureza ou explicá-lo intelectualmente, ele se desvanecerá. O *milagre* é aquilo que nos *causa admiração*[1a], pois se apresenta como algo inexplicável. Na verdade, apenas com base na natureza

---

1a. Em alemão é fácil perceber a relação entre os termos *milagre* (Wunder) e *causar admiração* (Wundern), enquanto em português, por causa da evolução dos vocábulos de mesmo radical, isto não aparece claramente. Ora, as palavras milagre (*miraculum*) e admiração (*admiratio*), como se vê, procedem do mesmo radical: *mira*, que indica espanto [N.T.].

O símbolo da transformação na missa 67

pretensamente conhecida do homem não é possível explicar como e por que ele é levado a um tal enunciado e a uma tal crença. *Deve* haver algum motivo imperioso para isso, que não podemos encontrar na experiência comum. Um argumento a favor da existência comum. Um argumento a favor da existência desse motivo é justamente a impossibilidade da assertiva. Trata-se, a rigor, do mesmo motivo de fé formulado lapidarmente no "prorsus credibile, quia ineptum" de Tertuliano († 220)[2]. Uma opinião improvável não demora a sofrer revisão, como em geral se espera. Ora, as proposições religiosas são as mais improváveis de todas e se mantêm ao longo de milênios[3]. Sua vitalidade, que ultrapassa qualquer expectativa, prova que existe uma razão suficiente, cujo conhecimento científico tem escapado até agora à razão humana. Como psicólogo, posso apenas chamar a atenção, antes de tudo, para a existência desse fenômeno e exprimir minha convicção de que não existem explicações do tipo "nada mais do que" para manifestações psíquicas dessa natureza.

Os dois aspectos da missa anteriormente mencionados não se expressam apenas na antítese entre o agir humano e o agir divino, mas também no duplo aspecto de Deus e Homem-Deus que, embora constituam uma unidade segundo a sua natureza, representam uma dualidade no drama ritual. Sem essa divisão de Deus (se assim posso me exprimir), o ato sacrifical seria inconcebível e careceria de *actualitas*. Segundo a compreensão cristã, Deus jamais cessou de ser Deus, mesmo ao aparecer sob a forma humana. Entretanto, o Cristo do Evangelho de João declara: "Eu e o Pai somos um... Quem me vê, vê o Pai"[4]. E Cristo exclama, do alto da cruz: "Meu Deus, meu Deus, por que me abandonaste?" *Deve* haver essa contradição, se a fórmula "verdadeiro Deus e verdadeiro homem" é psicologicamente correta. E, se é correta, as diversas afirmações de Cristo também não implicam contradição alguma. Ser verdadeiro homem é estar infinitamen-

380

---

2. "Et mortuus est Dei filius, prorsus credibile est, quia ineptum est. Et sepultus resurrexit; certum est, quia impossibile est" (E morreu o Filho de Deus, o que é inteiramente digno de fé, porque é absurdo. E, sepultado, ressuscitou; isto é certo, porque é impossível). *De Carne Christi*, 5 [MIGNE. Patr. lat., t. 2, col. 760].

3. A ousadia, e mesmo o perigo, desse argumento de *Tertuliano* é inegável, mas não constitui prova alguma contra a sua justeza psicológica.

4. Jo 10,30; 14,9.

te distante de Deus e ser totalmente diverso dele: "De profundis clamavi ad te, Domine" – esta confissão nos mostra duas coisas: o estar longe e o estar perto, o extremo obscurecimento e, ao mesmo tempo, o fulgor da centelha divina. Deus parece tão longe de si mesmo, em sua natureza humana, que deve procurar-se de novo, com o mais total devotamento. O que aconteceria com a totalidade de Deus, se Ele não pudesse ser, ao mesmo tempo, o "totalmente outro"? Por isso, talvez se justifique psicologicamente que o "nous" dos gnósticos, que caiu sob o domínio da "physis", a figura ctônica tenebrosa da serpente, bem como o homem primordial dos maniqueus, tenham assumido, em situações idênticas, até mesmo as propriedades do maligno. No budismo tibetano os deuses, em geral, apresentam ao mesmo tempo uma feição bondosa e um aspecto iracundo, pois exercem o poder em todas as esferas. A divisão de Deus em divindade e humanidade e o seu retorno a si mesmo no ato sacrifical constituem para o homem o ensinamento consolador de que em suas trevas está escondida uma luz que retoma à sua fonte, e mesmo que essa luz *quis* descer até as trevas para libertar o que jazia aprisionado em meio à escuridão e reconduzi-lo à eterna luz. Temos aí a doutrina pré-cristã do proto-homem luminoso, do ἄνθρωπος, do homem primordial (Urmensch), que os discursos de Cristo nos evangelhos pressupõem como universalmente conhecido.

2. Sobre o significado psicológico do sacrifício

a) As Oferendas

381   Em seu livro intitulado *Die Opferanschauungen der römischen Messliturgie* (As concepções de sacrifício da liturgia romana da missa), Kramp faz a seguinte observação a respeito das substâncias que simbolizam o sacrifício:

"O pão e o vinho não só constituem o alimento comum de uma grande parte da humanidade, como também podem ser encontrados em toda a face da Terra (fato este da maior importância para a propagação universal do Cristianismo). Além disso, essas duas substâncias, juntas, constituem o alimento perfeito do homem, que necessita ao mesmo tempo de um alimento sólido e de outro líquido para a própria conservação. Como ambos podem ser considerados o alimento

O símbolo da transformação na missa 69

característico do homem, são, portanto, os mais adequados para simbolizar a vida e a pessoa humana, fator este de importância para a simbologia das oferendas"[5].

Na verdade, porém, não é evidente em que medida justamente o pão e o vinho seriam um "símbolo" da vida e da pessoa humana. Tal interpretação parece resultar de uma conclusão *a posteriori* a partir do sentido especial que essas substâncias possuem na missa. Se assim fosse, isso seria devido mais ao texto da missa do que às substâncias em si, ou seja, dificilmente se chegaria à conclusão de que o pão e o vinho, em si mesmos, poderiam significar a vida ou a pessoa humana. Mas o pão e o vinho, na medida em que são importantes *produtos da civilização*, expressam justamente o esforço humano correspondente. Representam um determinado desempenho cultural que consiste na atenção, na paciência, no devotamento e no trabalho árduo. A expressão "o pão de cada dia" significa a preocupação do homem com a conservação da vida. Produzindo pão, o homem garante a sua existência. Mas como "nem só de pão vive o homem", associa-se-lhe adequadamente o vinho, cuja cultura também sempre exigiu do homem um interesse especial e um esforço correspondente. Porque o vinho é também expressão do desempenho cultural. Onde se cultiva o trigo e a videira, existe vida civilizada. Mas onde não há cultura de trigo e trabalho nos campos, ali reina a incultura dos nômades e dos caçadores.

Portanto, quando se oferece pão e vinho, de certo modo e antes de mais nada se oferece o *melhor* produto cultural que a aplicação do homem é capaz de gerar. Mas o "melhor" só é produzido pelo que o homem tem de "melhor", isto é, pelo seu cuidado e devotamento. Por isso os produtos culturais também podem representar facilmente a *condição psicológica necessária para o seu aparecimento*, ou seja, aquelas virtudes do homem que o tornam, em geral, capaz de produzir cultura[6].

382

383

---

5. Op. cit., p. 54s.

6. A legitimidade dessa conclusão se baseia no fato de que qualquer símbolo possui uma origem objetiva e subjetiva (relacionada com a psique), e é por isso que pode ser interpretado tanto em "nível do objeto" quanto em "nível do sujeito". Esta consideração é muito importante para a análise prática dos sonhos. Cf.: "Definições", *Psychologische Typen*, Ges. Werke G. [trad. bras. *Tipos psicológicos*, 3. ed. Rio de Janeiro: Zahar, 1975].

384 Mas no que diz respeito à natureza especial das substâncias, pão é, sem dúvida, um elemento nutritivo. É verdade que vinho "fortifica", como diz o povo, mas como elemento nutritivo só em outro sentido. O vinho estimula, "alegra o coração do homem", graças a uma substância volátil a que sempre se deu o nome de "espírito". Por isso, ao contrário da água inofensiva, é o vinho uma bebida que "entusiasma", pois nele habita um "espírito" ou um "deus" que produz o êxtase da embriaguez. O milagre do vinho em Caná também foi o milagre dos tempos dionisíacos e encontra o seu sentido profundo na representação do cálice eucarístico de Damasco, no qual Cristo aparece sentado, como num trono, sobre ramos de videira, qual outro Dionísio[7]. O vinho representa o meio espiritual de conservação da existência, da mesma forma que o pão representa o meio físico ou material. Por isso, o oferecimento do pão e do vinho representa a oferenda de uma realização cultural, ao mesmo tempo física (material) e espiritual.

385 Por mais que o homem tenha sentido o quanto de esforço e de cuidado empregou no seu trabalho, não pôde deixar de observar que as plantas por ele cultivadas crescem e se desenvolvem de acordo com suas leis internas próprias, ou que dentro delas atua um *agens* ou uma força que chegou mesmo a ser comparada ao próprio alento ou espírito vital. Frazer chamou este princípio, não sem fundamento, de *spirit of the corn*. Não há dúvida de que a iniciativa e o trabalho humano foram necessários, mas o homem primitivo julgou mais necessário ainda executar de maneira correta e cuidadosa certas cerimônias que mantêm, fortalecem e tornam propício o nume das plantas cultivadas[8]. Isto faz com que o trigo e a uva tragam em si uma espécie de alma própria, um princípio vital que os torna aptos a representar não só uma realização cultural do homem, como também o deus que morre e ressuscita, o suceder-se das estações do ano, que é o seu espírito vital. Nenhum símbolo é "simples". Simples são apenas os sinais e as alegorias. O símbolo representa sempre uma realidade complexa, que ultrapassa nossas categorias de linguagem e que não pode ser

---

7. Mais material em: EISLER. *Orpheus–the Fisher*, 1921. p. 280s.

8. Também por ocasião da caça os "rites d'entrée" são mais importantes do que a própria caça, pois é dos ritos que depende o sucesso da caça.

O símbolo da transformação na missa

expressa de maneira unívoca[9]. Por isso, o símbolo do trigo e do vinho apresenta várias camadas de sentido:

1. como produtos agrícolas;

2. como produtos resultantes de uma preparação especial (o pão, proveniente do trigo, e o vinho, proveniente da uva);

3. como expressão de um desempenho psicológico (esforço, aplicação, paciência, devotamento etc.) e da energia vital humana, de modo geral;

4. como manifestação do mana ou do demônio da vegetação.

Desse conjunto de sentidos não é difícil concluir que é preciso um símbolo para designar uma realidade ao mesmo tempo física e psíquica tão complexa. Por isso, a fórmula mais simples do símbolo se acha expressa nas palavras "pão e vinho", com aquela significação original e complexa que estes dois termos sempre tiveram para a agricultura.

386

b) O Sacrifício

Como acabamos de ver, a oferenda é *simbólica*, isto é, diz respeito a tudo quanto se acha expresso no símbolo; diz respeito ao produto físico, à substância preparada, bem como ao desempenho psicológico do homem e ao princípio vital de natureza demoníaca inerente às plantas cultivadas. O valor da oferenda torna-se maior pelo fato de se tratar do *melhor* ou das *primícias*. Sendo o pão e o vinho o melhor que a agricultura produz, também representam o melhor do esforço humano. A isto acrescente-se o fato de que o trigo significa, de modo particular, a manifestação sensível do nume que morre e ressuscita, e o vinho a presença de um *pneuma* que promete embriaguez e êxtase[10]. A Antiguidade clássica concebeu este último sob a figura de Dionísio, especialmente *Dionísio Zagreu*, cuja substância divina se acha difundida por toda a natureza. Portanto, aquilo que se sacrifica sob as figuras do pão e do vinho é, em poucas palavras, *a natureza, o homem e Deus*, reunidos na *unidade do dom simbólico*.

387

---

9. Cf., a esse respeito: "Definições" (Símbolo), Tipos psicológicos. [cf. nota 6, acima].

10. Cf.: LEISEGANG. *Der Heilige Geist*, 1919, p. 248s.

388   A apresentação de um dom tão significativo suscita simplesmente a questão de saber se o homem é capaz, por si mesmo, de oferecer tal dom. Esse oferecimento está dentro de suas possibilidades psíquicas? A Igreja responde negativamente a esta pergunta, dizendo que é Cristo o próprio sacerdote sacrificante. Mas como a humanidade está associada duplamente nesse oferecimento (como vimos anteriormente), a Igreja também responde afirmativamente a essa pergunta, embora *de forma condicional*. Encontramos também da parte do sacrificante uma realidade psicológica complexa: o *símbolo é Cristo*, que é ao mesmo tempo sacrificador e sacrificado. Mas esse símbolo possui diversas camadas de sentido, que tentarei analisar a seguir.

389   A ação sacrifical consiste, antes de tudo, em dar alguma coisa que me pertence. Tudo o que me pertence traz a marca do "meu", isto é, traz a marca de uma identificação sutil com o *meu* eu. Algumas línguas primitivas exprimem este fato de modo plástico e dinâmico, acrescentando, por exemplo, à palavra "canoa" quando ela nos pertence, o sufixo indicativo de um ser animado, e omitindo-o, quando ela pertence a outrem. Lévy-Bruhl chamou, muito pertinentemente, essa vinculação de pertença de todas as coisas que trazem a marca do "meu" com a minha individualidade de "participation mystique"[11]. Trata-se de uma identidade irracional e inconsciente; ela provém do fato de que tudo que está em contato comigo não é apenas essa coisa, *mas também um símbolo*. A simbolização resulta, primeiramente, do fato de que cada pessoa tem conteúdos inconscientes e, depois, do fato de que cada coisa tem, igualmente, seu aspecto desconhecido, como, por exemplo, o relógio que possuo. Quem ousará afirmar que conhece o seu relógio, se não for relojoeiro? E qual é o relojoeiro que, se não for por acaso também mineralogista ou físico, conhece a estrutura molecular do aço de que é feita a mola do relógio? E que mineralogista sabe consertar o seu relógio? Onde há dois desconhecidos, é impossível distingui-los um do outro. O desconhecido no homem e o desconhecido no objeto se confundem. Surge uma identidade psíquica que, em determinadas circunstâncias, pode assumir formas grotescas. Outra pessoa não pode tocar no que é "meu" e menos

---

11. Les Fonctions mentales dans les sociétés inférieures, 1912.

O símbolo da transformação na missa

ainda usá-lo. Nós nos sentimos ofendidos quando alguém revela pouca estima pelas "nossas" coisas. Dois cules chineses, que seguiam rua afora, puxando cada um o seu jinriquixá, a um dado momento começaram a discutir violentamente por um motivo qualquer. Quando o bate-boca já ameaçava levá-los às vias de fato, um deles deu um pontapé no jinriquixá do outro, e com isto encerrou a discussão. Nossos conteúdos inconscientes, enquanto não se tornam conscientes, permanecem projetados em tudo que é "nosso", não somente em coisas sem vida como também em animais e pessoas. Desde que os objetos de "minha" propriedade são portadores de projeções, automaticamente se tornam mais importantes e desempenham funções que ultrapassam os limites daquilo que são em si mesmos. Eles têm um sentido plurifacetado e por isso são simbólicos, coisa de que raramente (ou mesmo nunca) nos damos plenamente conta. Nossa psique se estende além dos limites de nossa consciência, fato que um alquimista parece ter percebido ao afirmar que a alma, em sua maior parte, acha-se fora do homem[12].

Portanto, aquilo que eu dou do que me pertence já é, em si, um símbolo ou algo polivalente. Mas uma vez que não tenho consciência de seu caráter simbólico, permanece preso ao meu eu, porque é parte de minha individualidade. Daí, o fato de toda oferenda se achar ligada, de forma ruidosa ou discreta, a uma pretensão de ordem pessoal. Queiramos ou não, trata-se sempre de um *do ut des* (dou para que me dês). O dom que se faz significa, portanto, um propósito pessoal, pois o simples dar, em si, ainda não é um *sacrifício*. Torna-se um sacrifício quando se renuncia ao objetivo do *do ut des*. Se quisermos que aquilo que vamos dar seja um sacrifício, é preciso que tal coisa seja totalmente entregue, como se tivesse sido aniquilada[13]. Somente a partir desse momento é que existe a possibilidade da pretensão egoística ter sido eliminada. Se o pão e o vinho fossem doados sem que houvesse consciência de uma pretensão egoística, a inconsciência

390

---

12. "Anima, quae extra corpus multa profundissima imaginatur..." (A alma, que na sua porção fora do corpo imagina coisas profundíssimas...), Michael Sendivogius, "*De Sulphure*" (século XVI), Musaeum Hermeticum, 1678, h. 617.

13. O paralelo, a esse respeito, é a destruição da oferenda pela queima, lançando-a na água ou atirando-a em precipícios.

não constituiria uma desculpa mas, pelo contrário, uma garantia de que existe uma pretensão *secreta*. Por causa da acentuada natureza egoística da pretensão, o oferecimento possuiria, indefectivelmente, um caráter de ação mágica propiciatória, com o objetivo inconfessado e a tácita esperança de conquistar a benevolência de Deus. Para evitar essa aparência de ato sacrifical desprovido de valor ético, é preciso tomar consciência da identidade entre o doador e o dom oferecido, pelo menos o suficiente para saber *em que medida ele se doa a si mesmo* ao oferecer o seu dom. Isto significa que, do fato natural da minha identidade com aquilo que é "meu", nasce a obrigação moral de sacrificar-me inteiramente, ou aquela parte minha que se identifica com o dom. É preciso ter consciência de que se faz a doação ou a entrega de si mesmo e também de que a esse ato se ligam sempre pretensões correspondentes, e isto tanto mais quanto menos delas se tem consciência. Somente essa tomada de consciência é capaz de garantir que a doação seja realmente um sacrifício. De fato, quando tomo consciência e concordo que me dou, entrego-me sem reservas e não quero receber nenhuma paga em troca; então sacrifiquei, realmente, minha pretensão, isto é, uma parte de mim mesmo. Por isso qualquer ato de doação acompanhado da renúncia a uma determinada pretensão, isto é, um ato de doação *à fonds perdu*, é, sob qualquer aspecto, um *autossacrifício*. O ato de dar sem que se tenha recebido qualquer retribuição é visto e *sentido* como uma perda. O sacrifício, portanto, deve *ser* como uma perda, para que não persista a pretensão egoística. Por isso, como já dissemos, o dom deve ser feito de tal maneira, como se tivesse sido destruído. Mas como ele representa a minha pessoa, eu me aniquilarei nele, isto é, entregarei-me sem nada esperar em troca. Por outro lado, vista sob um ângulo diverso, essa perda proposital não é real, mas representa um lucro, pois a *capacidade de autossacrifício nos mostra que nos possuímos a nós mesmos*. Ninguém pode dar o que não tem. Portanto, aquele que se sacrifica, isto é, que pode renunciar às suas pretensões, deve possuí-las ou, dito em outras palavras, deve ter consciência de suas pretensões. Isto pressupõe um autoconhecimento, sem o qual não se toma consciência dessas pretensões. Por isso, o rito da transubstanciação executado na missa é precedido logicamente pela confissão dos pecados. O autoexame deve fazer com que a pretensão egoística associada a qualquer dom se

O símbolo da transformação na missa · 75

torne consciente e seja "sacrificada", senão o dom não será um sacrifício. Mediante o sacrifício, mostramos que nos possuímos a nós mesmos, pois o ato sacrifical não é um deixar-se assumir, mas uma renúncia consciente e premeditada, com a qual provamos que somos capazes de dispor de nós mesmos, isto é, do nosso eu. Isto faz com que o meu eu se torne *objeto* de meu agir moral, pois "eu" decido, movido por uma instância que está *acima de minha individualidade e de meu ego*. De certo modo, eu ajo em oposição ao meu "eu" e suprimo a minha pretensão. A capacidade de autossupressão é um fato empírico que posso constatar no plano meramente psicológico, sem que tenha a pretensão de discuti-la no plano da filosofia. Psicologicamente falando, essa capacidade significa que o eu é uma grandeza relativa, que pode ser sempre subsumida em quaisquer instâncias de ordem superior. Não se deve *eo ipso* identificar essas instâncias com uma consciência moral coletiva, como pretendeu Freud com o seu superego, mas pelo contrário, com certas condições psíquicas que existem *a priori* no homem e não foram adquiridas empiricamente. Por trás do homem não se encontra nem a opinião pública nem o código moral universal[14], mas a personalidade, da qual ele não tomou consciência. Da mesma forma que o homem e sempre o que já foi, no passado, assim também é sempre o que está para ser. A consciência não encerra a totalidade do homem, pois esta é constituída, de um lado, por seus conteúdos conscientes e, do outro, por seu inconsciente cuja extensão é ignorada e cujos limites não sabemos até onde vão. A consciência está contida nessa totalidade, tal como um círculo menor em outro mais extenso. Existe, pois, a possibilidade de transformar o "eu" em objeto, ou, mais precisamente, a possibilidade de que, no decorrer da evolução, surja gradativamente uma personalidade mais ampla que coloque o eu a seu serviço. Essa ampliação da personalidade provém do inconsciente, cujos limites não podem ser fixados. Disso resulta que *não podemos determinar* os limites da persona-

---

14. Se por trás do homem realmente não houvesse nada mais, além de uma norma de valor coletiva e as inclinações naturais, qualquer violação da norma moral nada mais seria do que uma revolta dos instintos. Isto tornaria impossível toda inovação valiosa e significativa, pois os instintos constituem o que há de mais antigo e mais conservador no animal e no homem. Esta concepção perde de vista o impulso *criador*, que, embora exclusivamente à espécie *homo sapiens*.

lidade que se desenvolve gradativamente. Mas essa personalidade é *individual*, ao contrário do superego de Freud; é, inclusive, a *individualidade* no sentido mais alto do termo, e por isso mesmo teoricamente limitada, desde que é impossível um ser individual apresentar todas as qualidades. (Chamei tecnicamente o desenvolvimento dessa individualidade de *processo de individuação*). Na medida em que a personalidade ainda é potencial, podemos chamá-la de *transcendente*, e na medida em que é inconsciente, não se diferencia dos conteúdos de suas projeções; ou, em outras palavras, ela se identifica com uma parte considerável dos elementos que a cercam, dado este que corresponde à *participation mystique*, descrita anteriormente. Esta circunstância é da mais alta relevância, pois graças a ela é possível explicar os símbolos estranhos mediante os quais essa entidade se expressa nos sonhos. Refiro-me aos símbolos do mundo ambiente e aos símbolos cósmicos. Estes fatos constituem o fundamento para a configuração do homem como *microcosmo*, o qual, como se sabe, foi comparado ao *macrocosmo*, por causa de seus componentes essenciais, expressos em termos de astrologia.

391   O termo "si-mesmo" parece adequado para designar esse pano de fundo inconsciente, cujo expoente na consciência de cada indivíduo é o eu. O eu está para "si mesmo" assim como o *patiens* está para o *agens*, ou como o objeto está para o sujeito, porque as disposições que emanam do si-mesmo são bastante amplas e, por isso mesmo, superiores ao eu. Da mesma forma que o inconsciente, o si-mesmo é o existente *a priori* do qual provém o eu. É ele que, por assim dizer, predetermina o eu. *Não sou eu que me crio; mas sou eu que aconteço a mim mesmo*. Esta conclusão é de importância fundamental para a psicologia de qualquer fenômeno religioso, e é por isso que Inácio de Loyola colocou seu *homo creatus est* como *fundamentum* de seus exercícios espirituais. Embora seja fundamental, esta percepção representa apenas a metade da verdade psicológica. Se ela tivesse um valor total, equivaleria a um *determinismo*, pois, na sua condição de mera criatura, ou como algo em processo de formação a partir de um pressuposto inconsciente, o homem não goza de liberdade, nem a consciência possui uma *raison d'être*. A análise psicológica deve ter presente que, apesar de todos os condicionamentos causais, o homem possui um sentimento de liberdade que se identifica com a au-

O símbolo da transformação na missa

tonomia da consciência. Embora tudo, sem exceção, mostre ao eu sua dependência e seu caráter predeterminado, ele não se convence da sua completa privação de liberdade. Na realidade, é preciso concordar que uma consciência absolutamente predeterminada e um eu completamente independente seriam um espetáculo inútil, porque, então, tudo se passaria de modo igualmente (ou, talvez, ainda mais) inconsciente. A consciência do próprio eu só tem sentido se for livre e autônoma. Com essa constatação acabamos de expressar uma *antinomia*. Mas, ao mesmo tempo, traçamos um quadro das condições reais correspondentes. Existem, porém, diversidades temporais, locais e individuais nos graus de dependência e liberdade. Na verdade, as duas coisas estão sempre presentes: a superioridade do si-mesmo e a *hybris* da consciência.

Com o processo de conscientização, o conflito entre a consciência e o inconsciente pelo menos se aproxima da solução. No autossacrifício está subjacente um ato semelhante de tomada de consciência de realidades inconscientes. O eu deve tornar-se consciente de sua pretensão e o si-mesmo deve eliminá-la, em oposição ao eu. E isto pode acontecer de dois modos: 392

Eu elimino minha pretensão, em consideração ao pressuposto moral universal segundo o qual não se deve esperar qualquer retribuição por um presente que se dá. Neste caso, o si-mesmo coincide com a opinião pública e com o código ético universal. O si-mesmo identifica-se, então, com o superego de Freud; consequentemente, está projetado nas condições ambientais e, pela mesma razão, permanece inconsciente como fator autônomo. 393

Eu elimino minha pretensão, porque sou levado a isto por razões de ordem interior, não de todo identificáveis. Essas razões não me proporcionam qualquer satisfação moral especial; pelo contrário, eu sinto até mesmo uma certa repugnância por elas. Mas devo curvar-me ao poder que reprime minha pretensão egoística. Nesse caso, o si-mesmo foi "integrado", isto é, foi retirado das projeções e passou a ser percebido como um poder psíquico determinante. A objeção de que em tal caso não se tem consciência do código ético não vale, pela razão de que eu sei perfeitamente qual a crítica moral contra a qual eu imporia o meu instinto egoístico. Entretanto, é forçoso concordar que, no caso de meu desejo egoístico colidir com a norma moral, tor- 394 na-se difícil evidenciar a natureza individual da tendência repressora. Quando se trata, porém, de um choque de obrigações morais, ou de um caso cujo paradigma clássico é o casamento de Oseias com a prostituta, então o desejo egoístico coincide com o código ético e Oseias deveria ter acusado Javé de fomentar a imoralidade. Ou o administrador infiel deveria confessar-se culpado? Nesse caso, Jesus foi de outra opinião[15]. Experiência como essas e outras semelhantes mostram claramente que o si-mesmo não se identifica com uma moral coletiva, nem com os instintos naturais, mas deve ser concebido como uma disposição individual *sui generis*. O superego é um sucedâneo necessário e inevitável da experiência do si-mesmo.

395   Deste cotejo uma coisa parece ter ficado bastante clara: não só as posições são diferentes, como as situações em que se eliminam as pretensões. No primeiro caso, trata-se de uma situação que não atinge alguém de maneira diretamente pessoal. No segundo, pelo contrário, trata-se de um dom bastante pessoal, que leva o doador a uma verdadeira compaixão para com a pessoa socorrida, o que implica, realmente, uma superação de si mesmo. Exemplifiquemos, em relação ao nosso contexto: No primeiro caso, trata-se da participação na celebração de uma missa e de algo como o sacrifício do filho de Abraão, ou como a decisão de Cristo no Getsêmani. É bem provável que o primeiro tenha sido experimentado por inspiração exterior, de forma profundamente sincera, e vivido religiosamente, ao passo que o segundo foi real[16].

396   Enquanto o si-mesmo permanece inconsciente, corresponde ao superego de Freud e constitui uma fonte de constantes conflitos morais. Logo porém que é retirado das projeções, isto é, logo que deixa de ser a opinião de outrem, então tomamos consciência de que somos o nosso próprio sim e o nosso próprio não. O si-mesmo passa a atuar como uma *unio oppositorum*, constituindo assim a experiência mais próxima do divino que se possa exprimir em termos de psicologia[17].

---

15. Cf. o já mencionado *logion* de Jesus: "Se sabes o que estás fazendo, és bem-aventurado. Se, porém, não sabes o que estás fazendo, és maldito e transgressor da lei" [Cf. § 416. N.T.].

16. Para evitar mal-entendidos, devo insistir que me refiro apenas à experiência pessoal e não ao mistério da missa que serve de fundamento à convicção de fé.

17. Cf. a esse respeito o significado do "símbolo de conjunção" em: Tipos psicológicos, OC, 6, § 315s.

c) O sacrificante

O que eu sacrifico é minha pretensão egoística e com isto, ao 397
mesmo tempo, renuncio a mim mesmo. Por esse motivo, qualquer
sacrifício é, em maior ou menor grau, um sacrifício de si mesmo. O
grau depende da importância do dom que se faz. Se minha oferenda é
algo precioso para mim e toca meu sentimento pessoal, então posso
estar certo de que a renúncia à minha pretensão egoística provocará a
rebeldia de minha personalidade egoísta. Também posso ter a certeza
de que o poder que reprime tal pretensão me reprime e, consequentemente, deve ser o si-mesmo. Assim, pois, *o si-mesmo é aquilo que
me leva a sacrificar* e até mesmo me compele a oferecer o sacrifício[18].
O si-mesmo é o sacrificante e eu sou a vítima sacrificada, isto é, o sacrifício humano. Coloquemo-nos, por um momento, no íntimo de
Abraão, que, por uma ordem divina vinda do alto, devia oferecer seu
filho único em sacrifício. Em tais circunstâncias, um pai, além da
compaixão para com o próprio filho, não se sentiria como vítima sacrificada, sofrendo no próprio coração o golpe do cutelo do sacrifício? Sim, *ele seria, ao mesmo tempo, sacrificador e vítima sacrificada.*

Porém, como a relação do eu para com o si-mesmo corresponde 398
à relação do filho com o pai, podemos dizer que o si-mesmo, compe-
lindo-nos ao autossacrifício, realiza o ato sacrifical em si próprio. É
possível que percebamos o que significa para nós esse ato sacrifical; o
que não vemos tão claramente é o que ele significa para o si-mesmo.
Como só percebemos o si-mesmo através de atos isolados, pois como
um todo ele permanece oculto para nós, devido à sua natureza bastante ampla, não podemos tirar conclusões a partir do pouco que sa-
nemos a seu respeito. Vimos anteriormente que só pode haver sacrifício quando o si-mesmo o executa em nós de maneira perceptível e
inequívoca. Podemos também aventar a ideia de que, estando o
si-mesmo para conosco na mesma relação que o pai para com o filho,

---

18. Na filosofia hindu temos os paralelos de Prajâpati e Purusha Nârâyana, em que o
primeiro convida o segundo a se sacrificar. Mas no fundo os dois são idênticos. Sobre
o convite para o sacrifício, cf.: *Satapatha Brahmana*, em: *Sacred Books of the East*, vol.
XLIV, 1900, p. 172s.
A Imolação de Purusha: *Rigveda* X, 90. HILLEBRANDT, A. *Lieder des Rigveda*, 1913,
p. 130s.

o si-mesmo sente de certo modo o nosso sacrifício, como sendo um autossacrifício. *Nós* ganhamo-nos a nós mesmos com o autossacrifício, ganhamos o si-mesmo, pois só damos o que temos. Mas o que é que ganha o si-mesmo? Vemos que ele se manifesta, que se desliga da projeção inconsciente, que entra em nós, que de nós se apodera, passando então do estágio de dissolução do inconsciente para o estágio consciente e do estágio em potência para o estágio em ato. Não sabemos o que ele é no estágio inconsciente. No entanto, sabemos agora que ele *se tornou homem, tornou-se o que somos.*

399   Nos sonhos e imagens interiores esse processo de tornar-se homem é representado, de um lado, como a concentração de várias unidades, como a reunião de algo que está disperso e, de outro, como um processo em que algo que sempre existiu vai surgindo pouco a pouco e se tornando cada vez mais claro[19]. Em torno desse processo gravitam o pensamento e a especulação da alquimia, bem como uma parcela do gnosticismo. O mesmo processo se acha expresso no dogma cristão e de modo particular no mistério da transubstanciação da missa. A psicologia desse processo permite compreender a razão pela qual o homem aparece, de um lado, ao mesmo tempo como sacrificador e dom sacrificado e, de outro, nem como sacrificador nem como sacrificado, ao passo que Deus é uma e outra coisa; também se percebe psicologicamente por que Deus, no ato sacrifical, torna-se um homem que padece e morre, e por que o homem, ao comer o corpo eucarístico glorificado, toma consciência da sua ressurreição e de sua participação na divindade.

---

19. Essa contradição é inevitável, na medida em que a expressão "si-mesmo" só permite um enunciado antinômico. O si-mesmo é, *per definitionem*, a expressão de uma realidade mais ampla do que a da personalidade consciente. Esta última não tem, por conseguinte, condições de emitir um julgamento que abranja o si-mesmo, ou seja: qualquer julgamento e qualquer afirmação a esse respeito são incompletos e por isso devem ser completados (não eliminados) por uma negação condicional. Por isso, quando digo: "o si-mesmo existe", devo completar: "e existe como se *não existisse*". Para ser mais completo, poderia também inverter o sentido da proposição e dizer: "O si-mesmo existe e não existe ao mesmo tempo, como se *existisse*". "Esta inversão, entretanto, é desnecessária, diante do fato de que não se trata somente de um conceito filosófico, como, por exemplo, o da "coisa em si" de Kant, mas de um conceito da psicologia experimental, o que torna possível sua hipostasiação, com as cautelas necessárias.

A integração (ou processo de tornar-se homem) é preparada pelo   400
lado da consciência, como já indicamos, ou pela tomada de consciência das pretensões egoísticas; o indivíduo percebe os seus motivos e
procura formar uma ideia objetiva e mais completa possível de sua
própria natureza. Trata-se de um ato de reflexão sobre si mesmo, da
concentração daquilo que se acha disperso e cujas partes nunca foram colocadas adequadamente numa relação de reciprocidade, de
um confronto consigo mesmo, visando à plena conscientização. (Por
isso, um autossacrifício inconsciente é um mero acontecimento e
nunca um ato moral.) Mas a reflexão sobre si mesmo é o que há de
mais difícil e de mais desagradável para o homem predominantemen-
te inconsciente. A própria natureza humana tem uma aversão pronunciada pela conscientização. Mas aquilo que leva o homem a essa
atitude é justamente o si-mesmo, que exige o sacrifício sacrifican-
do-se de certo modo a nós. O processo de conscientização, enquanto
reunião de partes dispersas, constitui, por um lado, uma operação
consciente e voluntária do eu, e, por outro lado, significa também um
aflorar espontâneo do si-mesmo que já existia[20]. A individuação aparece como a síntese de uma nova unidade que se compõe de partes
anteriormente dispersas, e também como a manifestação de algo que
preexistia ao eu e é inclusive seu pai ou criador, e sua totalidade. Com
a conscientização dos conteúdos inconscientes, nós, de certo modo,
criamos o si-mesmo, e nesse sentido ele é também nosso *filho*. Por
isso os alquimistas chamavam essa substância incorruptível, que outra coisa não é senão o si-mesmo, de *filius philosophorum*. Mas é justamente a presença do si-mesmo, do qual provêm os mais fortes im-
pulsos para a superação do estágio de inconsciência, que nos leva a
esse esforço. Sob esse ponto de vista, o si-mesmo é nosso *pai*. Daí
provêm as designações alquimistas do Mercúrio como "Senex", isto
é, Hermes Trismegisto, e como Saturno, concebido no gnosticismo,
ao mesmo tempo, como ancião e como jovem, tal como Mercúrio,
entre os alquimistas. Mas é certamente nas antigas concepções do homem primordial, do *protanthropos*, e do Filho do homem, que tais

---

20. Nesse sentido, o si-mesmo oferece matéria ao eu para a reflexão sobre si próprio.
Cf., sobre a experiência do si-mesmo: Psicologia e alquimia, OC 12, § 52s. e 127s.

conexões psicológicas aparecem mais claramente. Enquanto *Logos*, Cristo existe desde toda a eternidade, e enquanto homem é o "Filho do homem"[21]. Como *Logos*, Cristo é o princípio criador do mundo. Isso corresponde à relação do si-mesmo com a consciência, relação sem a qual o mundo não seria percebido como existente. Rigorosamente falando, o Logos é o *principium individuationis*, pois é do *Logos* que tudo proveio, e tudo o que existe, existe sob uma forma individual, desde o cristal até o homem. É nessas manifestações multiplicadas e diferenciadas numa variedade infinita que se expressa a natureza do *auctor rerum*. A esse fato corresponde, de um lado, o si-mesmo com o caráter indeterminado e ilimitado de sua existência inconsciente (apesar de sua natureza única e singular!) e com sua posição de criador em relação à consciência individual e de outro, o homem individual como uma forma de manifestação do si-mesmo. A filosofia antiga inspirou-se, para a elaboração dessa ideia, na lenda de Dioniso despedaçado, que, como criador, é o ἀμέριστος νοῦς e, como criatura, é μεμερισμένος νοῦς[22]. As partes de Dionísio se encontram espalhadas por toda a natureza, e da mesma forma que Zeus outrora engolira o coração ainda palpitante do deus, assim também seus fiéis despedaçavam animais selvagens para restabelecer a unidade do espírito despedaçado de Dioniso. O recolhimento da substância luminosa na gnose barbeliota e no maniqueísmo aponta na mesma direção. A isso corresponde, em termos de psicologia, a integração do si-mesmo mediante a conscientização dos conteúdos divididos. A reflexão sobre si mesmo é uma autoconcentração. É nesse sentido que devemos entender a instrução que Monoimo dá a Teofrasto:

"Procura-o (isto é, a Deus) dentro de ti mesmo, aprende quem é aquele que se apropria de tudo o que há em ti e diz: Meu Deus, meu Espírito (νοῦς), meu intelecto, minha alma, meu corpo, e aprende de onde provêm tristeza e alegria, amor e ódio, a vigília que não se quer,

---

21. Quando uso a expressão não histórica "si-mesmo" para indicar os fenômenos psicológicos correspondentes, é com a intenção expressa, não de cometer um abuso, mas de dizer, com minha terminologia própria, que me limito ao domínio da psicologia experimental.

22. (O intelecto não dividido e o intelecto dividido). J. Firmicus Maternus, *De errore profanarum religionum*, 7, 8.

O símbolo da transformação na missa

a sonolência que não se quer, a irritação que não se quer, e o amor que não se quer. E depois de teres examinado essas coisas, encontrarás dentro de ti mesmo o Uno e o Múltiplo, em correspondência àquele ápice de onde ele saiu de ti mesmo"[23].

A reflexão sobre si mesmo, ou (o que é a mesma coisa) o impulso para a individuação, recolhe o múltiplo e o disperso, erguendo-os até a forma primígena do uno, do *homem primordial*. Com isso se elimina a existência isolada, isto é, o fechamento do indivíduo em torno do seu eu, amplia-se o círculo da consciência e, com a conscientização dos paradoxos, esgotam-se as fontes de conflitos. Esse processo de aproximação do si-mesmo é uma espécie de repristinação ou apocatástase, na medida em que o si-mesmo se reveste do caráter de incorruptibilidade e ou de "eternidade", graças à sua preexistência inconsciente, sua anterioridade em relação à consciência[24]. Encontramos tal sentimento expresso numa passagem da "Benedictio Fontis": "Et quos aut sexus in corpore aut aetas discernit in tempore, omnes *in unam* pariat gratia mater *infantiam*" (E que a graça mãe gere para uma *única infância* todos aqueles que o sexo distingue quanto ao corpo ou a idade quanto ao tempo).

A figura do sacrificador divino corresponde, traço por traço, às formas empíricas de manifestação do arquétipo que está na origem de quase todas as representações conhecidas de Deus. Esse arquétipo não é apenas uma imagem estática, mas um elemento vivo e dinâmico: um drama que se passa continuamente no céu, na terra e no inferno[25].

401

402

---

23. HIPÓLITO. *Elenchos*, VIII, 15 [Cf. capítulo anterior, nota 53. N.T.].

24. Também graças ao fato (que aqui apenas abordo rapidamente), de que o inconsciente só está ligado condicionalmente aos limites de espaço e de tempo. Os fenômenos telepáticos, bastante frequentes, são uma prova de que o espaço e o tempo só valem para a psique de um modo relativo. As experiências de RHINE forneceram as provas com relação a este ponto. Cf., a esse respeito, meu artigo "Synchronizität als ein Prinzip akausaler Zusammenhänge". In: *Die Dynamik des Unbewussten*. Ges. Werke 8 (OC, 8).

25. O "inferno" poderia parecer estranho nesse contexto. Mas peço ao leitor que examine o *Ulisses*, de James Joyce, ou as *Notas e confissões de um pecador justificado*, de James Hogg.

d) O Arquétipo do Sacrificador

403 Uma comparação das ideias fundamentais da missa com as visões de Zósimo apresenta uma semelhança notável, apesar das diferenças. Para maior clareza, coloco as semelhanças e diferenças em paralelo.

Semelhanças

Zósimo	Missa
1. *Os participantes da ação são dois sacerdotes.*	1. O sacerdote humano e o sacerdote eterno, Cristo.
2. *Um sacerdote imola o outro.*	2. "Mactatio Christi" (imolação de Cristo) por meio das palavras da consagração, pronunciadas pelo sacerdote.
3. *Outras pessoas também são oferecidas em sacrifício.*	3. A oferenda é a própria comunidade.
4. *O sacrifício é um autossacrifício vonluntário.*	4. Cristo se oferece voluntariamente em sacrifício.
5. *A morte sacrificial é cheia de sofrimento.*	5. Cristo padece no ato sacrificial.
6. *A vítima sacrificada é partida em pedaços.*	6. "Fractio panis".
7. *Faz-se uma* thysia.	7. Sacrifício de incenso.
8. *O sacerdote come a própria carne.*	8. Cristo bebe o próprio sangue (S.J. Crisóstomo).
9. *O sacerdote se transforma em "pneuma".*	9. As substâncias se transformam no corpo e no sangue de Cristo.
10. *Aparece uma figura alva e brilhante como o sol do meio-dia.*	10. A hóstia como "Visio beatifica" ("quaesivi vultum tuum, Domine"). A grande elevação.
11. *A "água divina" brota do sacrifício.*	11. A graça produzida pela missa. O cálice de água comparado com o banho do batismo. Simbologia da água na produção da graça.

Diferenças

Zósimo	Missa
1. O desenrolar do ato sacrifical é constituído por uma visão onírica. É um segmento do inconsciente que se apresenta diante da consciência onírica.	1. A forma da Missa é um produto artístico consciente de muitos séculos e de muitas inteligências.
2. O sonhador é apenas o espectador de uma representação onírica simbólica.	2. O sacerdote e a comunidade são figurantes da ação do mistério.
3. A ação é um sacrifício humano cruento e povoroso.	3. Todos os aspectos chocantes foram evitados. A própria *mactatio* não é mencionada. É um sacrifício incruento do pão e do vinho (*incruente immolatur!*).
4. O sacrifício é acompanhado de um esfolamento da cabeça.	4. Não há contrário correspondente.
5. O sacrifício é realizado paralelamente num dragão.	5. O cordeiro pascal simbólico.
6. A vítima sacrificada é queimada e cozida.	6. As substâncias tornam-se espirituais.
7. O sentido da ação sacrifical é a produção da "água divina", a qual serve para transmutar os metais e – "mystice" – para tornar-nos nós mesmos.	7. O sentido da Missa é a *commnio* de Cristo vivente com sua comunidade.
8. A entidade que se transforma, na visão, parece ser o demônio de Saturno, o arconte supremo (que tem relação com o Deus dos Judeus). Trata-se da "Hyle" tenebrosa presente no homem e que se transforma em "pneuma".	8. A entidade que se transforma, na missa, é Deus que, como Pai, gerou o Filho sob forma humana, padeceu e morreu sob essa forma e retornou à sua origem, depois de resuscitar.

Na visão, o aspecto concreto e brutal impressiona de tal maneira, que poderíamos ser facilmente tentados (por razões de ordem estética ou coisa parecida) a desistir de qualquer comparação com a missa. Se, porém, ouso colocar em destaque certas analogias, não é com o propósito iluminista de depreciar a ação sagrada, aproximando-a de algum modo de um acontecimento pagão e natural. Se me move um objetivo, que se situa além da verdade científica, é o desejo de mostrar que o mistério mais importante da Igreja Católica se apoia, entre outras coisas, em condições psíquicas que têm suas raízes nas profundezas da alma humana.

405   A visão, cujo caráter onírico é sumamente provável, deve ser considerada como um produto anímico não intencional, isto é, que não foi conscientemente visado. É um *produto natural*, como todos os sonhos. A missa, ao contrário, é um *produto do Espírito* e um procedimento consciente, marcadamente espiritual. Usando uma terminologia antiga, mas não ultrapassada, podemos designar a visão como *psíquica* e a missa como *pneumática*. A visão é uma matéria-prima não diferenciada, ao passo que a missa é uma forma artística diferenciadíssima; por isso mesmo, a primeira é repulsiva, ao passo que a segunda é bela e agradável. A missa é de natureza arcaica, mas no melhor sentido do termo, e é por isso que a liturgia satisfaz as exigências mais elevadas dos tempos atuais. A visão, pelo contrário, embora arcaica e primitiva, lembra, com sua simbologia, a ideia alquimista fundamental da substância incorruptível, ou seja, a ideia do si-mesmo imutável. A visão é uma parcela da natureza bruta, banal, grotesca, repulsiva, horripilante e profunda como esta última. A visão não o diz expressamente, mas nos permite adivinhá-lo, com aquela profunda incerteza e dubiedade, como tudo o que é desumano, sobre-humano e sub-humano. A missa expressa, representa e encobre a divindade sob o manto da mais bela humanidade.

406   De tudo isso podemos concluir que a visão e a missa são duas coisas bem diferentes e quase incomensuráveis entre si. Se, porém, conseguíssemos reconstituir o processo natural em que se fundamenta *psicologicamente* a missa, ou seja, aquele processo que se desenrolou no inconsciente, teríamos talvez uma imagem bem mais aproximada dessa visão. A missa, como se sabe, baseia-se, conforme o ponto de vista da Igreja, nos acontecimentos da vida de Jesus. Procuremos pôr em destaque determinadas particularidades dessa vida "real", que possam acrescentar alguns traços concretos à ideia da transubstancia-

O símbolo da transformação na missa

ção, aproximando-a assim, um pouco, da visão de Zósimo: menciono explicitamente a flagelação, a coroação de espinhos e a vestidura com o manto de escárnio, que transforma Jesus em vítima do *sacrifício* arcaico do *rei*. Esse traço é sublinhado pelo incidente de Barrabás ("filho do pai"), que confirma o sacrifício do rei. Em seguida, coloco em destaque a tortura da crucifixão que, em si, é um espetáculo infamante e cruel, verdadeiramente bem distante do *incruente immolatur*! A cavidade pulmonar e, talvez, o lado direito do coração foram abertos por um golpe de lança, donde escorreram coágulos de sangue e soro. Acrescentemos essas particularidades à imagem do processo que está na base da missa, obtendo assim uma equivalência notável de certos traços arcaicos e cruéis da imagem que a visão de Zósimo nos fornece. Somam-se a isso as ideias dogmáticas fundamentais: como se vê pela alusão da oração *Unde et memores* ao sacrifício de Isaac, o sacrifício da missa não significa apenas um sacrifício humano qualquer, mas o sacrifício de um filho, e precisamente de um *filho único*. Trata-se de um sacrifício cujo arcaísmo não é possível superar. O sacrifício era de tal modo cruel que Abraão não teve de executá-lo[26]. Tivesse-o executado, ainda assim um golpe de cutelo no coração teria representado uma morte rápida e relativamente indolor para a vítima sacrificada. Mesmo a cerimônia sacrifical cruenta do corte do coração, praticada entre os astecas, significava uma morte rápida. O sacrifício do Filho, porém, que representa a quintessência da missa, foi iniciado pela flagelação e pela cena do escárnio, e consumado depois da vítima ficar pregada pelos pés e pelas mãos numa cruz, durante seis horas. Não foi, portanto, uma morte rápida, mas uma tortura requinta-

---

26. A seguinte lenda talmúdica mostra de que modo a piedade judaica sentiu esse sacrifício: "E eu", exclamou Abraão, "juro que não descerei do altar antes que me tenhas atendido: Quando me ordenaste que não sacrificasse meu filho Isaac, violaste de novo a palavra que disseste: 'É de Isaac que sairá a tua posteridade'. Mas eu me calei. Se, porém, meus descendentes um dia procederem contra ti e tu quiseres castigá-los por causa disso, lembra-te de que tu não estás inocente, e perdoa·lhes". "Vamos então", respondeu o Senhor, "eis ali um carneiro na sebe, preso pelos chifres; oferece-o em sacrifício, em lugar de teu filho Isaac. E se teus descendentes um dia pecarem e eu me sentar no dia do ano novo para julgá-los, então eles devem tocar uma trombeta de chifre de carneiro para que eu me lembre de tuas palavras e faça prevalecer a misericórdia sobre a justiça" (FROMER & SCHNITZER. *Legenden aus dem Talmud*, 1922, p. 34s.). Devo esta informação à gentileza do Sr. H. Imhof, candidato à láurea de filosofia.

damente demorada, até à morte. Além disso, a crucifixão era um castigo infamante, aplicado somente aos escravos. Nesse sacrifício se contrabalançam a crueldade física e a crueldade moral.

407   Façamos abstração, por um momento, da unidade de natureza entre o Pai e o Filho, o que nos é possível graças ao fato de se tratar de duas pessoas distintas que não podem ser tomadas uma pela outra; revistamo-nos dos sentimentos de um pai que deve assistir ao sofrimento de seu filho que se aventura num país inimigo e tem consciência de ter sido ele quem, sabendo e querendo, expôs esse filho ao perigo. Tal morte é aplicada geralmente como vingança por um crime qualquer, castigo este que deve atingir tanto o pai, quanto o filho. *A pena é executada na própria divindade.* O modelo dessa execução é a morte ritual do rei. O rei é sacrificado quando tem acessos de impotência, ou quando as colheitas provocam dúvidas a respeito de seu poder mágico. Por isso matam-no, para melhorar a situação de seu povo, enquanto Deus é sacrificado para a redenção da humanidade.

408   Como se justifica, então, esse castigo a que Deus é submetido? Embora roçando à blasfêmia, essa questão deve ser colocada, por causa do caráter penal evidente do sacrifício. A explicação mais comum é, naturalmente, a de que Cristo foi castigado por causa de nossos pecados[27]. Como, porém, não é a explicação da Igreja que me interessa aqui, mas a reconstituição do processo psíquico que está na base dessa pena, devo, logicamente, determinar uma culpa correspondente ao castigo. Se a humanidade carrega a culpa real, logicamente seria ela que deveria receber o castigo. Se Deus a poupa do castigo, é porque a isenta de culpa. É preciso, então, admitir que a humanidade é inocente, que Deus é quem tem culpa e, por isso, logicamente, também a assume. Por motivos compreensíveis, não se pode esperar uma resposta satisfatória da parte do cristianismo primitivo. Mas no Antigo Testamento, no gnosticismo contemporâneo e na especulação católica posterior encontra-se essa resposta. Sabemos, pelo Antigo Testamento, que Javé era, na verdade, um guardião da Lei, embora ele próprio não fosse justo, tendo acessos de ira dos quais, depois, teria

---

27. Is 53,5: "Ipse autem vu1neratus est propter iniquitates nostras... disciplina pacis nostras super eum..." [Foi ferido por causa das nossas iniquidades... O castigo que nos devia trazer a paz caiu sobre ele...].

O símbolo da transformação na missa

de se arrepender[28]. De certos sistemas gnósticos podemos concluir que o *auctor rerum* era concebido como um arconte inferior, que pensara criar um mundo perfeito e só criara algo imperfeito e cheio de sofrimentos. Devido ao seu caráter saturnino, esse arconte tem certa analogia com Javé, o Deus dos Judeus, que era tido também como o criador do mundo. Sua obra era imperfeita e não progrediu, coisa de que a criatura não tinha culpa. No cristianismo, esse argumento levou à reforma marcionita e purificou o Novo Testamento de certos componentes vétero-testamentários. Ainda no século XVII, o sábio jesuíta Nicolau Caussino considerava o unicórnio como um símbolo apropriado do Deus do Antigo Testamento, entre outras razões pelo fato desse animal, a modo de um rinoceronte enfurecido, ter colocado o mundo em desordem. Entretanto, vencido afinal pelo amor a uma virgem pura, converteu-se no Deus de amor, no seio dessa mesma virgem[29].

Encontramos nessa explicação aquela lógica natural que sentimos faltar na resposta da Igreja. A culpa de Deus foi a de não satisfazer plenamente, como criador e rei da sua criação, aquilo que dele se esperava; por isso, teve de ser submetido à morte ritual. Para o homem primitivo, o rei concreto é atingível. Num grau superior de civilização, com uma concepção espiritual de Deus, pelo contrário, isso já não acontece. Os povos de épocas mais primitivas ainda podiam destronar os seus deuses, castigando suas imagens com varas e colo-

---

28. (Cf. *Resposta a Jó*, § 553s. deste volume).

29. CAUSSINUS. *De Symbolica Aegyptiorum Sapientia, Polyhistor Symbolicus, electorum symbolorum et parabolarum historicarum stromata*, 1623, p. 348: "Deus antea ultionum, tonans, fulminans, permiscens mundum, in Virginis sinu, imo utero conquievit, et amore captus est." [Deus que era antes um Deus de vingança, tonitruante, fulminador e perturbador do mundo, acabou por encontrar repouso no seio, ou melhor, no útero de uma Virgem, e tornou-se prisioneiro do amor]. Igualmente PICINELLUS, P. *Mundus Symbolicus*, 1681, I, p. 419: (De rhinozerote) "Certe Deus, summe terribilis, postea quam Virginis beatissimae uterum habitare caepit, placidum se, ac penitus mansuetum orbi exhibuit. S. Boaventura: Christus, inquit, per mansuetissimam Mariam mansuescit et placatur, ne se de peccatore per mortem aeternam ulciscatur". [Certamente o Deus sumamente terrível apresentou-se totalmente pacificado e manso ao universo, depois que começou a habitar no útero da Virgem beatíssima. São Boaventura diz, com efeito: Cristo torna-se manso e se acalma mediante a mansíssima Maria, a fim de não se vingar do pecador com a morte eterna].

cando-as sob grilhões. Num nível superior, entretanto, um deus só podia ser destronado por outro deus, e, quando o monoteísmo se desenvolveu, só Deus poderia transformar-se a si mesmo.

410 O fato do processo de transformação ser visto como um "castigo" – Zósimo usa expressamente esse termo (χόλασις) parece-me provir de uma certa racionalização ou da necessidade de explicar o seu caráter bárbaro e cruel. Essa necessidade aparece, inicialmente, num estágio superior da consciência, com um sentimento mais desenvolvido, e procura uma explicação satisfatória para o caráter bárbaro, chocante e incompreensível do procedimento, explicação esta que encontramos, por exemplo, na experiência de desmembramento da iniciação xamanista. A hipótese que surge mais espontaneamente nesse estágio é a de que o castigo teria sido infligido por causa de uma culpa ou de um pecado. Com isso, o processo de transformação adquire uma conotação moral que dificilmente se encontraria na base do acontecimento original. Mas a impressão que se tem, pelo contrário, é que um estágio posterior e mais avançado da consciência encontrou uma experiência já havida e não suficientemente fundamentada ou explicada, e procurou compreendê-la, introduzindo uma etiologia moral. Mas é difícil perceber que o rito original de despedaçamento tinha claramente o objetivo de transformar o iniciando num homem novo e mais eficiente. A iniciação assume até mesmo um aspecto de *cura*[30]. Diante disso, a interpretação moral do processo de transformação como sendo um "castigo" parece falhar, de algum modo, dando a impressão de que não compreende devidamente o rito do despedaçamento. Não compreende suficientemente a contradição contida em sua explicação: a de que uma falta deveria ser evitada para evitar-se uma punição. Mas, para o iniciando, seria um verdadeiro pecado se ele se subtraísse às dores da iniciação. A tortura que lhe é imposta não constitui, propriamente, um castigo, mas o meio necessário para conduzi-lo ao fim proposto. Esses fatos se produzem, muitas vezes, numa fase da vida em que ainda se é tão jovem que não se pode falar de uma culpa proporcional correspondente. Por isso, a interpretação moral do sofrimento como castigo parece-me não só

---

30. ELIADE, M. *Le Chamanisme*. 1951, p. 39.

O símbolo da transformação na missa

insuficiente, como também, de certo modo, enganadora. Trata-se de uma primeira tentativa de explicação psicológica e, no caso, de uma representação arquetípica transmitida do fundo dos tempos e que nunca foi objeto de reflexão. Tais representações e ritos nunca foram inventados, mas surgiram espontaneamente e foram praticados muito antes que se refletisse sobre eles. Assisti, entre os primitivos, à prática de certos ritos cujo significado ninguém sabia, e na Europa encontramos ainda certos costumes de cujo sentido nunca se tomou consciência. Por isso, as primeiras tentativas de explicação quase sempre costumam ser um tanto inábeis.

O aspecto de sofrimento e de castigo que se vê no processo de transformação se deve a uma consciência reflexiva paralela, que não compreende ainda o verdadeiro significado do rito de despedaçamento. Aquilo que se executava concretamente no animal de sacrifício e aquilo que o xamã considera como um fato real aparecem num estágio superior, na visão de Zósimo, como um *processo psicológico* em que um produto do inconsciente, isto é, um homúnculo, é dividido em pedaços e transformado. De acordo com as regras da interpretação dos sonhos, esse é um dos aspectos do próprio sujeito que observa: Zósimo aparece a si próprio como homúnculo: o inconsciente o representa como tal, isto é, como um ser incompleto (mutilado), como anão, formado de matéria pesada (por exemplo, de chumbo ou de bronze), o que talvez queira significar o mesmo que "homem hílico". Tal ser é tenebroso e se acha enredado na materialidade. É inconsciente por natureza; por isso, necessita de transformação e de ser iluminado. Para isso, sua forma deve ser decomposta e dividida em pedaços, processo que a alquimia chamava de *divisio, separatio* e *solutio*, estendendo-o (em seus escritos posteriores) à *discriminação* e *autoconhecimento*[31]. Esse processo psicológico é, como se sabe pelos depoimentos, penoso; para muitas pessoas, é mesmo extremamente doloroso, como qualquer progresso no caminho da conscientização, que só se pode conseguir à custa de sofrimentos.

411

---

31. Isso sobretudo em: DORNEUS, G. "De Speculativa Philosophia". *Theatrum Chemicum*, I, 1602, p. 276s.

412   Em Zósimo, porém, ainda não se fala de uma verdadeira tomada de consciência do processo de transformação, como nos mostra de modo claro sua interpretação da visão: ele acredita que a imagem onírica lhe mostra o "processo de fabricação da água" (divina). Podemos concluir aí que ele ainda vê a transformação como algo realizado exteriormente, e de maneira alguma como sua própria mudança interior.

413   Algo semelhante ocorre no domínio da psicologia cristã, onde o rito e o dogma são concebidos como fatores meramente exteriores e sentidos como processos externos. Mas, da mesma forma que a *imitatio Christi* de modo geral, e a missa em particular, indicam uma preocupação nítida de incluir o fiel no processo de transformação, o que se comprova pelo fato da missa apresentá-lo justamente como oferenda sacrifical ao lado de Cristo, assim também um cristianismo bem compreendido está muito acima do espírito, como o rito da missa em relação à forma arcaica da visão de Zósimo. A missa visa conduzir a uma *participation mystique* e, consequentemente, uma identificação do sacerdote e da comunidade com Cristo, isto é, por um lado, a uma assimilação da alma a Cristo e, por outro, a uma interiorização da figura de Cristo na alma. Trata-se de uma transformação ao mesmo tempo de Deus e da alma, mediante a repetição (pelo menos alusiva) de todo o drama da encarnação na missa.

3. A missa e o processo de individuação

414   De um ponto de vista psicológico, Cristo representa, enquanto homem primordial (Filho do homem, Adam secundus, τέλειος ἄνθρωπος), uma totalidade que ultrapassa e envolve o homem comum, e corresponde à personalidade total, que transcende o plano da consciência[32]. Como já indiquei anteriormente, chamei essa personalidade de *si-mesmo*. Da mesma forma que o homúnculo, no estágio mais arcaico da visão de Zósimo, transforma-se e é elevado à condição de pneuma, assim também o mistério eucarístico transforma o homem empírico, que constitui apenas uma parte de si próprio, na sua totalidade, expressa na pessoa de Cristo. Por isso, a missa pode ser classificada como um *rito de processo de individuação*.

---

32. Cf. a esse respeito a minha exposição em: *Aion*, [OC, 9/2, parte I, cap. V].

O símbolo da transformação na missa

Podemos encontrar reflexões desse tipo já no início da literatura 415 cristã, e precisamente nos chamados *Atos de João*, que certamente pertencem ao que de mais representativo a literatura apócrifa transmitiu[33]. A parte do texto que nos interessa começa com a descrição de uma dança de roda mística, organizada por Cristo, antes da sua crucifixão. Ele manda os discípulos darem as mãos uns aos outros e formarem um círculo, enquanto Ele se coloca no meio. Os discípulos se movimentam em volta, enquanto Cristo executa um cântico de louvor, do qual destaco aqui alguns versículos mais característicos:

"Quero ser salvo e quero salvar. Amém.
Quero ser desligado e quero desligar. Amém.
Quero ser ferido e quero ferir. Amém.
Quero ser gerado e quero gerar. Amém.
Quero comer e quero ser devorado. Amém.

....

Quero ser pensado, eu, que sou todo pensamento. Amém.
Quero ser lavado e quero lavar. Amém.

....

A única oitava louva conosco. Amém.
O duodenário dança lá em cima. Amém.

....

Quem não dança não sabe que acontece. Amém.

....

Quero ser unido e quero unir. Amém.

....

Sou uma lâmpada para ti, que estás me vendo. Amém.
Sou um espelho para ti, que me conheces. Amém.
Sou uma porta para ti, que bates diante de mim, pedindo para entrar. Amém.
Sou um caminho para ti, que és um peregrino.
Mas quando continuares a minha ronda, contempla a ti mesmo em mim, que estou te falando...
Enquanto dançares, considera o que estou fazendo; vê que este sofrimento que eu quero sofrer é o teu (sofrimento), pois

---

33. Os *Acta Joannis* foram escritos, provavelmente, na segunda metade do século II. (ZAHN, T. *Acta Joannis*, 1880). Cf. para o texto: HENNECKE, E. *Neutestamentliche Apokryphen*. 1924, p. 186s.

não compreenderias o que sofres, se meu Pai não tivesse me enviado a ti como Palavra (*Logos*)... Se conhecesses o sofrimento, possuirias a impassibilidade. Conhece, pois, o sofrimento e terás a impassibilidade... Reconhece em mim a Palavra da Sabedoria!"

416 Interrompo aqui o texto, pois chegamos a uma seção natural e quero introduzir algumas explicações de ordem psicológica. Elas nos ajudarão a entender as outras considerações dos *Atos de João* sobre as quais voltaremos a falar. Embora o texto tenha utilizado fontes do Novo Testamento, o que mais chama a atenção é o seu estilo antitético e paradoxal, que muito pouco tem a ver com o espírito dos evangelhos. Nos escritos canônicos, esse aspecto só aparece em certas passagens de sentido oculto como, por exemplo, na parábola do administrador infiel. No Pai-nosso ("Não nos deixeis cair em tentação..."), em Mt 10,16 ("Sede prudentes como as serpentes ..."), em Jo 10,34 ("Sois deuses ..."), no "logion" do *Codex Bezae* acrescentado a Lc 6,4[33a] e no "logion" apócrifo ("Quem está perto de mim, está perto do fogo"). Encontramos ainda ecos desse estilo antitético em outras passagens, como, por exemplo, Mt 10,26 ("Pois nada há de oculto que não venha a ser revelado").

417 O paradoxo é uma das características dos escritos gnósticos. Há mais preocupação com o *incognoscível* do que com a clareza, a qual retiraria ao mistério seu aspecto obscuro, tornando-o assim *conhecido*. Isso constitui uma usurpação que leva o intelecto humano ao orgulho, dando-lhe a falsa impressão de que ele, daí em diante, mediante um ato cognitivo, entrou em posse de um mistério transcendente e que o "compreendeu". O paradoxo, portanto, corresponde a um nível superior do intelecto e reproduz, com bastante fidelidade, o aspecto real da questão, transformando o incognoscível em cognoscível sem violência.

418 As predicações antitéticas do referido hino nos mostram um trabalho intelectual, ou precisamente uma apresentação da figura do Senhor em frases de sentido oposto, como Deus e como homem, como

---

33a. Cf. § 394, n. 15 [N.T.].

O símbolo da transformação na missa

sacrificador e como vítima sacrifical. A última frase é justamente importante, pelo fato do cântico de louvor ser proferido antes da prisão do Senhor, aproximadamente naquele momento em que os sinóticos colocam a ceia, e João Evangelista (entre outros) coloca o discurso a respeito da videira. É significativo que este último não mencione a instituição da ceia, e que nos *Atos de João* a ronda esteja em seu lugar. A forma circular da mesa representa porém uma *composição* e uma *reunião*: na ceia, como participação no corpo e no sangue de Cristo, isto é, como incorporação do Senhor; e na ronda, como circum-ambulação em forma de roda, tendo o Senhor como centro. Apesar da diferença dos símbolos, seu sentido é comum: a *recepção do Senhor no meio dos discípulos*. Mas, apesar dessa significação fundamental em comum, não se deve perder de vista a diferença externa do rito. A celebração clássica da eucaristia segue a linha dos sinóticos, enquanto que a dos *Atos de João* segue a de João. Esta última expressa, sob uma forma inspirada na celebração dos mistérios pagãos, uma relação (poderíamos quase dizer) direta com Cristo, no sentido do mistério joanino: "Eu sou a videira, vós sois os ramos. Aquele que permanece em mim e eu nele, esse produz muito fruto[34]. Essa estreita relação é representada pelo círculo e pelo ponto central: ambas as partes são necessárias e equivalentes. Desde todos os tempos, o círculo e o seu centro constituem um símbolo divino que ilustra a totalidade do Deus encarnado: um único ponto no centro e todos os outros na periferia. A circum-ambulação cultual se inspira, muitas vezes, na imagem cósmica do céu estrelado em contínua rotação, a "ronda das estrelas", ideia que encontramos ainda na comparação dos 12 discípulos com os signos do zodíaco, e também as representações não raras desse mesmo zodíaco diante do altar ou sob o cruzeiro do transepto. É provável que o jogo de bola dos clérigos episcopais da Idade Média, no interior da Igreja, baseasse-se também numa imagem semelhante.

Em todo caso, a ronda solene tem por objetivo fixar a imagem do círculo e do centro na mente, e marcar a relação de cada ponto da pe-

---

34. Jo 15,5.

riferia com o meio do círculo[35]. Psicologicamente, essa disposição significa uma mandala, consequentemente, um símbolo do si-mesmo[36], para o qual se acham orientados não somente o eu individual mas, juntamente com ele, muitas outras pessoas que estão ligadas a ele pelos sentimentos ou pelo destino. O si-mesmo não é o eu, mas uma totalidade superior a este que abrange a consciência e o inconsciente; como, porém, este último não possui limites determináveis e, além do mais, é de natureza coletiva em suas camadas mais profundas, não é possível distingui-lo de um outro indivíduo. Por isso, constitui a *participation mystique* que encontramos sempre e por toda parte, ou seja, a unidade da multiplicidade, um *único* homem em todos. É esse fato psicológico que explica o arquétipo do ἄνθρωπος, do Filho do homem, do *homo maximus*, do *vir unus*, do Purusha etc.[37] Como não se pode discriminar o inconsciente em si, nem *de facto*, nem *per definitionem*, na melhor das hipóteses só a partir do que sabemos dele é que se pode tirar conclusões a respeito de sua natureza. É verdade que há conteúdos inconscientes de natureza indubitavelmente pessoal e individual, que não se pode atribuir a qualquer outro indivíduo. Mas, além desses, há inúmeros outros que podemos observar, sob formas quase idênticas, numa multidão de indivíduos diferentes e independentes entre si. Essas experiências indicam um as-

---

35. Uma ideia semelhante é a de que cada pessoa é um raio de sol. Esta imagem se encontra no poeta espanhol Jorge Guillén e também num texto gnóstico do século II (?), Guillén diz:

> "Para onde irei, errante?
> Meu centro é este ponto aqui...
> ....
> Subindo para o infinito:
> Apenas mais um raio de sol".

36. Cf., a esse respeito, minha exposição em: *Aion* [OC, 9/2, I, cap. IV), e "Psychologie und Dichtung", in: *Über das Phänomen des Geistes in Kunst und Wissenschaft* (Ges, Werke, 15).

37. A universalidade dessa figura parece ser a razão pela qual suas epifanias são tão diversas, como se percebe claramente nos *Atos de João*. É assim que Drusiana vê o Senhor uma vez sob a figura de João e depois como um jovem (HENNECKE. Op. cit., p. 185). Tiago o vê sob a figura de uma criança, e João, como adulto. Este o via ora como um homem desgracioso, ora como uma figura que alcançava o céu (ibid.); sente o seu corpo ora como material e concreto, ora como imaterial; isto é, sem substância (ibid., p. 186).

O símbolo da transformação na missa 97

pecto *coletivo* do inconsciente. Por isso, não é fácil entender como se pode duvidar, ainda em nossos dias, da existência de um inconsciente coletivo. Mas também não passa pela cabeça de ninguém considerar os instintos ou a morfologia humana como aquisições ou caprichos pessoais. O inconsciente é o intermediário universal entre os homens. Sob certos aspectos, ele é o uno, aquilo que abarca todos, o único elemento psíquico comum a todos. Os alquimistas designaram-no como sendo o seu Mercúrio, o qual, por sua vez, era concebido como *mediator*, em analogia com Cristo[38]. Na realidade, a doutrina da Igreja sobre Cristo exprime algo semelhante, que aparece de modo particular no hino citado. De fato, poderíamos aplicar as afirmações antitéticas tanto a Cristo, quanto (e, talvez ainda mais) a Mercúrio.

Assim, por exemplo, já no primeiro verso ("Quero ser salvo...") não se percebe como o Senhor poderia afirmar tal coisa a respeito de si mesmo, quando Ele é o "Salvador" (σωτήρ) por excelência. Mercúrio, a substância arcana, é, pelo contrário, a alma do mundo acorrentada à matéria, a qual, como o homem primordial escravizado à *physis*, precisa ser salvo pela arte do "artifex". Mercúrio é liberado e redimido, e como *aqua permanens* constitui o solvente clássico. Um pouco mais claro é o sentido dos termos "ferimento" e "ferir", com alusões à chaga do lado e à espada que separa; mas também Mercúrio, enquanto substância arcana, é dividido ou transpassado pela espada (*separatio* e *penetratio*) e mesmo ferido com a espada ou com o *telum passionis* (o dardo da paixão). Menos claras, em relação a Cristo, são as expressões "ser gerado" e "gerar", embora a primeira afirmação se refira fundamentalmente ao Senhor que, enquanto Filho, foi gerado, mas não criado, pelo Espírito Santo. O ato de "gerar", pelo contrário, é considerado, de modo geral, como específico do Espírito Santo, mas não (enquanto tal) de Cristo. Entretanto, o que não parece claro é saber se Mercúrio foi gerado ou criado enquanto alma do mundo. Mas não resta dúvida de que ele é "vivificador" e, como Hermes Quilênio itifálico, um símbolo da procriação em geral. O ato de "comer", em contraposição a "ser comido", não é característico de Cristo, mas do dragão devorador, do Mercúrio corrosivo que tam-

420

---

38. "Der Geist Mercurius". *Studien über alchemistische Vorstellungen*, Ges. Werke 13.

98 Obra Completa – Vol. 11/3

bém, enquanto Ouroboros, devora-se a si mesmo, como o homúnculo de Zósimo.

421   Se a expressão "ser gerado" é de fato evangélica, então se trata exclusivamente de uma especulação joanina e pós-apostólica acerca da natureza do *Logos*. Hermes era considerado, desde há muito, como *nous* e *logos*, e Hermes Trismegisto significa o mesmo que *nous* revelador. Até fins do século XVI, Mercúrio ainda era considerado como a *veritas* oculta no organismo humano, isto é, na matéria, que devia ser conhecida por meio da meditação, ou melhor, por meio da *cogitatio*, da reflexão. Meditação é um termo que nunca ocorre no Novo Testamento[39]. A *cogitatio*, que aparece eventualmente com um sentido correspondente, tem muitas vezes no Novo Testamento um caráter negativo como *cogitatio cordis* perversa, em consonância com Gn 6,5 (e 8,21): "cuncta cogitatio cordis intenta ad malum" (todos os pensamentos de seus corações estavam voltados para o mal). 1Pd 4,1 traduz ἔννοια. (consciência, modo de pensar) por *cogitatio*. Em Paulo (2Cor 10,7), o verbo *cogitare* tem sentido realmente positivo: "Considere igualmente dentro de si" (hoc cogitet iterum apud se, τοῦτο λογιζέσθω πάλν ἐφ' ἑαυτοῦ), onde o sentido verdadeiro é "refletir por si mesmo". Esse modo positivo de pensar, entretanto, é fruto da ação divina (2Cor 3,5: non quod sufficientes simus cogitare aliquid a nobis, quasi ex nobis – οὐχ ὅτι ἀφ' ἑαυτῶν ἱχανοί ἐσμεν λογίσασθαί τι ὡς ἐξ ἑαυτῶν – não que sejamos capazes por nós mesmos de pensar alguma coisa, como vinda de nós mesmos"). A única passagem em que *cogitatio* tem o sentido de meditação, com a iluminação a coroá-la, é At 10,19 (Petro autem cogitante de visione dixit Spiritus ei – τοῦ δὲ Πέτρου διενθυμουμένου περὶ τοῦ δράματος εἴπεν τὸ πνεῦμα – "estando Pedro a refletir sobre a visão, disse-lhe o Espírito").

422   A atividade de pensar, nos primeiros séculos do cristianismo, era assunto que interessava mais aos gnósticos do que à Igreja, razão pela qual Basílides e Valentino aparecem quase sempre como teólogos cristãos de tendência filosofante. Com a doutrina de João sobre o *Logos* surgiu a possibilidade de considerar o Cristo como *nous* e como ob-

---

39. O *haec meditare* (ταῦτα μελέτα) de 1Tm 4,15 significa "pensa nessas coisas, seja este o teu cuidado".

O símbolo da transformação na missa

jeto do pensamento (humano), como vemos no seguinte texto: Νοηθῆναι θέλω νοῦς ὤν ὅλος ("Quero ser pensado, eu que sou todo intelecto")[40]. Nos *Atos de Pedro* lê-se o seguinte, a respeito de Cristo: "Só podes ser conhecido segundo o Espírito"[41].

A operação de "lavar" se refere à *purificatio* ou, segundo o caso, ao batismo e também à lavagem do cadáver. Esta última ideia permaneceu até o século XVIII no sentido de lavagem alquimista do "cadáver negro" e de *opus mulierum*. O objeto a ser lavado era a matéria negra inicial; e Mercúrio era o detersivo (*sapo sapientum*) e o lavador, um só em suas diversas formas. Mas, enquanto na alquimia *nigredo* (objeto a ser lavado) e *pecado* eram sinônimos, no gnosticismo cristão só se encontram alusões a uma possível identidade de Cristo com o lado tenebroso, como, por exemplo, no λούσασθαι (ser lavado) do citado texto.

423

A *oitava* faz parte da simbologia do círculo (mandala), enquanto duplo do quatro. Aqui ela representa, sem dúvida, o arquétipo da ronda, "numa região supraceleste"[42], como elemento de ressonância. O mesmo acontece com o duodenário, que representa o arquétipo zodiacal do número dos discípulos. É uma concepção cósmica cujos ecos ainda se ouvem no *Paraíso* de Dante, onde os santos formam constelações.

424

Quem não participa dessa dança ou da circum-ambulação em torno do ponto central, isto é, do Cristo e do *anthropos*, é ferido de cegueira e não consegue ver mais nada. O que se descreve aqui como acontecimento exterior é um símbolo da ação de volta ao centro que está no interior de cada discípulo, ou seja, do arquétipo do *anthropos*, ao si-mesmo; não se pode entender essa dança como um acontecimento histórico, mas sim como uma espécie de paráfrase da eucaristia e como uma manifestação da recepção[42a], isto é, como um símbolo amplificador que deve ser interpretado no sentido de um fenômeno psíquico. Trata-se de um ato pelo qual se estabelece uma ligação entre a consciência dos indivíduos e o símbolo superior da totalidade.

425

---

40. LIPSIUS & BONNET (org.). *Acta Apostolorum Apocrypha*, vol. I, 1898, p. 197.

41. HENNECKE, E. Op. cit., 1924, p. 248.

42. ἐν ὑπερουρανίῳ τόπῳ.

42a. Cf. a esse respeito: *Aion* (OC, 9/2).

426 Pedro também disse "Tu és meu pai, tu és minha mãe, meu irmão, amigo, servidor, administrador. Tu (és) o universo e o universo (está) em ti; e tu (és) o ser e nada mais existe além de ti. Acorrei até ele também vós, irmãos, e ficai sabendo que somente nele é que está o vosso ser, e alcançareis aquilo a respeito do qual ele vos declarou: 'Nem o olho viu, nem o ouvido ouviu, nem jamais entrou no coração do homem'"[43].

427 É nesse sentido que se deve entender a frase: "Quero ser unido..." A consciência subjetiva está ligada ao centro objetivo. Daí resulta a unidade humano-divina representada por Cristo. O si-mesmo se realiza mediante a concentração de muitos em torno do centro, e quer ser ele também, esta concentração. É ao mesmo tempo sujeito e objeto do acontecimento. Por isso é que ele "brilha" para aquele que o "vê". Sua luz torna-se invisível quando ele não é visto. É como se não existisse. Depende do "ser visto", como o ato de ver depende da luz. Aparece aqui, mais uma vez, a natureza paradoxal do incognoscível, ao mesmo tempo como sujeito e como objeto. Por isso, Cristo – ou o si-mesmo – é um "espelho" que, de um lado, reflete a consciência subjetiva do discípulo, isto é, torna-o visível, mas, de outro, faz com que ele "conheça" também a Cristo, refletindo não só o homem empírico, como também sua totalidade (transcendental). Assim como se abre uma "porta" em que se bate ou se revela um "camino" para aquele que procura, do mesmo modo começa para aquele que se põe numa relação (transcendental) com o seu centro, um processo de conscientização que tende para a unidade e para a totalidade. O homem assim não se vê mais como um ser *isolado*, mas como um *uno*. Só a consciência subjetiva se encontra isolada. Mas logo que se relaciona com o seu centro, ela se integra no todo. Quem executa a ronda contempla a própria imagem no centro refletor, e o sofrimento do indivíduo é o sofrimento que aquele que se acha no centro "quer sofrer". Não se poderia exprimir a identidade e a diversidade paradoxais, do eu e do si-mesmo de maneira mais bela e apropriada.

428 Ninguém poderia entender o que sofre como diz o texto se não lhe fosse dado, fora de si, aquele ponto de apoio de Arquimedes, o

---

43. HENNECKE, E. Op. cit., p. 248.

O símbolo da transformação na missa   101

ponto de referência do si-mesmo, a partir do qual o eu pode ser entendido como fenômeno. Sem a objetivação do si-mesmo, o eu permaneceria mergulhado numa subjetividade sem esperança e só poderia girar em torno de si. Mas aquele que considera e entende o seu sofrimento, sem prevenção subjetiva, conhece também o que é a "impassibilidade", graças a seu ponto de vista modificado, pois possui uma posição ("o lugar de repouso"), que ultrapassa qualquer confusão. Este é, sem dúvida, o verdadeiro conceito cristão de vitória sobre o mundo, expresso numa fórmula psicológica inesperada, embora possa apoiar uma afirmação de caráter docetista: "Saberás quem eu sou quando partires daqui. Eu não sou como agora me veem". Tais frases são ilustradas por meio de uma visão em que o Senhor ocupa o centro de uma caverna iluminada por sua presença. Ele diz a João:

João, para o povo de Jerusalém, lá embaixo, eu estou sendo crucificado e ferido com lanças e varas, enquanto me dão de beber vinagre e fel. Mas eu te digo, e ouve o que te digo: Eu te mando subir neste monte para escutar o que o discípulo deve aprender do Mestre, e o homem, de Deus. E me dizendo isto, mostrou-me uma cruz feita de luz e em torno da cruz uma multidão sem nenhuma forma definida (μίαν μορφὴν μὴ ἔχοντα), e na mesma (cruz), *havia uma* forma e uma imagem semelhante (ὁμοία, correspondente). Era o próprio Senhor que eu via no alto, sobre (ἐπάνω) a cruz, e Ele não tinha forma (σχῆμα), mas somente uma certa voz, não aquela que nos era familiar, e sim uma voz doce e benigna, verdadeiramente (a voz) de (um) Deus, a qual me dizia: João, alguém deve escutar isto de mim, pois preciso de alguém que me ouça. Esta cruz luminosa foi chamada por mim, por vossa causa, de Logos, Nous, Jesus, Cristo, Porta, Caminho, Pão, Semente (σπόρος), Ressurreição, Filho, Pai, Pneuma, Vida, Verdade, Fé (πίστις), Graça. Isto, em relação aos homens; mas, considerada em si mesma e segundo o vosso modo de falar, ela é a fixação dos limites do universo e a consolidação daquilo que é instável...[44] e a harmonia da sabedoria ou, mais precisamente, da sabedoria na harmonia. Mas à direita e à esquerda há (lugares), forças, violências, dominações, demônios, energias, ameaças, explosões de ira,

429

---

44. Ἀνάγγη βιάβα é incerto.

diabo, satanás e a raiz mais profunda de onde brotou a natureza de tudo o que existe. Foi a cruz, portanto, que uniu a si todo o universo, por meio da palavra, e fixou os limites do reino do criado e em seguida, como unidade que é, fez brotar tudo o que existe. Não é a cruz de madeira que verás, quando partires daqui. Também não sou aquele que está na cruz e que agora vês. Ouves apenas a voz daquilo que verdadeiramente sou. Fui tido pelo que não era. Não sou aquele que muitos pensavam que eu fosse; e o que dizem a meu respeito é rasteiro e indigno de mim. Como não veem, nem mencionam o lugar de repouso, são poucos os que me veem (ou me citam) a mim, que sou o seu Senhor. A multidão que (não) tem uma forma única e se encontra reunida em torno da cruz é a natureza inferior. E o fato daqueles que tu vês na cruz (ainda) não possuírem *uma* forma significa que nem todos os membros do (Senhor) que desceu a vós foram reunidos. Mas quando a natureza humana e uma geração que se aproxima de mim e segue a (minha) voz forem incorporadas, aquele que agora me ouve será unido e não será mais o que é; estará acima deles, como eu também estou, porque enquanto não te considerares meu, eu não serei o que fui. Mas quando me compreenderes, serás igual a mim, como aquele que compreende; entretanto, só serei o que fui quando eu te tiver junto a mim, pois é por mim que és (o que eu sou).

430 "Como estás vendo, eu te mostrei o que tu és. Mas somente eu sei o que sou, e ninguém mais fora de mim o sabe. Deixa-me possuir o que é meu e contempla-te a ti mesmo por meu intermédio. Quanto a mim, não vejas o que eu realmente não sou, tal como te disse, mas aquilo que tu, como semelhante a mim, és capaz de conhecer"[45].

Este texto permite que se duvide da concepção tradicional e comum do docetismo. Baseados no texto, não podemos negar que Cristo teria possuído um corpo aparente, que teria sofrido somente em aparência. Mas isto não passa de uma grosseira visão docetista. Os *Acta Joannis* são mais sutis, ao argumentar em termos, por assim dizer, de crítica do conhecimento: os fatos históricos são reais, não há dúvida, mas só permitem conhecer aquilo que impressiona o homem sensitivo e o que ele é capaz de compreender. Mas devemos ainda

---

45. Sigo, quanto ao essencial, a tradução de HENNECKE, E. Op. cit., p. 186s.

O símbolo da transformação na missa

considerar que o ato de crucifixão continua sendo um *mysterium* para quem conhece os arcanos de Deus, isto é, constitui um símbolo que exprime um acontecimento psíquico análogo na pessoa do contemplante. Em linguagem platônica, é um acontecimento que se passa "num lugar celeste", ou seja, num "monte" ou numa "caverna" onde foi erigida uma *cruz feita de luz* e que tem muitos sinônimos, isto é, muitos aspectos e significações. É um acontecimento que exprime a natureza incognoscível do "Senhor", isto é, da personalidade superior e do τέλειος ἄνθρωπος (homem perfeito) e constitui uma quaternidade, ou seja, uma totalidade dividida em quatro partes, símbolo clássico do si-mesmo.

Entendido assim, o docetismo dos *Atos de João* aparece mais como uma contemplação dos fatos históricos do que como uma depreciação dos mesmos. Não é de admirar-se que o vulgo não tenha compreendido uma sutileza desse tipo, inteiramente compreensível do ponto de vista psicológico. Por outro lado, o paralelismo entre o acontecimento terrestre e o acontecimento metafísico não era absolutamente estranho ao sábio dos primeiros séculos; mas ele não percebia que seus símbolos visionários não eram necessariamente realidades metafísicas, mas principalmente percepções de fatos intrapsíquicos ou subliminares, isto é, *fenômenos de recepção*. A contemplação da morte cósmica sacrifical de Cristo, em sua forma tradicional, constelava (como sempre acontece) fatos psíquicos análogos que então deram margem a uma rica formação de símbolos, tal como mostrei em outro lugar[46]. Evidentemente é isto que se passa aqui, numa separação sumamente expressiva entre o fato histórico e perceptível aos sentidos, na terra, e o acontecimento visionário e ideal que se passa no alto: de um lado, a cruz de madeira como instrumento de tortura e de outro, a mesma cruz como símbolo de iluminação. Não há dúvida de que o centro de gravidade se desloca para o acontecimento ideal, conferindo-se assim ao fato psíquico a significação principal. É verdade que a tendência pneumática reduz o sentido do acontecimento concreto de um modo unilateral e contestável, mas não pode ser rejeitada como supérflua, dado que um acontecimento, por

---

46. Cf. *Aion* [OC, 9/2].

si só, não é capaz de gerar um significado, dependendo, em larga medida, do modo pelo qual é entendido. Como o próprio termo "significado" (Bedeutung) indica, a "interpretação" (Deutung) é imprescindível para se captar o sentido do que ocorre. Somente com os fatos puros não se capta o sentido. Por isso, não se pode negar todo mérito à preocupação dos gnósticos em dar a interpretação dos fatos, embora essa interpretação ultrapasse muito os limites da tradição do cristianismo primitivo. Poderíamos até mesmo ousar afirmar que essa interpretação já está implicitamente presente na tradição, visto que a cruz e a figura do Crucificado são quase sinônimos, na linguagem do Novo Testamento[47].

432   O texto em questão apresenta a *cruz* como o *oposto da multidão amorfa*: ela tem ou é uma "forma", e significa a determinação do ponto central por meio de duas retas. É idêntica ao *Kyrios* e *Logos*, a Jesus e Cristo. O que não parece claro é o modo pelo qual João "vê" o Senhor sem forma sobre a cruz. Ele apenas escuta uma voz que lhe diz o que acontece, o que talvez esteja indicando que a cruz de luz é só uma ilustração do incognoscível, cuja voz podemos ouvir quando separados da cruz. Isto parece ser confirmado pela observação de que a cruz é chamada de *Logos* etc., "por causa de vós".

433   A cruz significa *a ordem em oposição ao desordenado* ou caótico da multidão amorfa. Ela é, na realidade, um dos símbolos mais primitivos da ordem, como mostrei em outra parte. No âmbito dos fatos psíquicos, ela possui igualmente a função de um centro gerador de ordem; por isso aparece também como um mandala dividido em quatro partes nos estados de perturbação psíquica[48], sendo que esta última é provocada, na maioria das vezes, pela irrupção de certos conteúdos inconscientes. Nos primeiros séculos do Cristianismo, isto

---

47. A quaternidade, já indicada na visão de Ezequiel, anuncia-se claramente no *Liber Henoch*, escrito pouco antes do início da era cristã (Cf. *Resposta a Jó*, § 662s.). No apocalipse de Sofonias, Cristo aparece cercado por uma coroa de pombas (STERN. *Die Koptische Apokalypse des Sophonias*, 1886, p. 24). Cf., a esse respeito, o quadro da ábside de São Félix de Nola, que representa uma cruz cercada de pombas. O mesmo acontece em São Clemente de Roma (WICKHOFF. *Das Apsismosaik in der Basilica des H. Felix zu Nola*, 1889, p. 158s., e ROSSI. *Musaici Cristiani delle Chiese di Roma anteriori al secolo XV*, gravura XXIX).

48. Representada pela multidão amorfa.

O símbolo da transformação na missa 105

constituía certamente um fenômeno bastante frequente, e não só em círculos gnósticos[49]. Por isso, é fácil compreender que a introspeção gnóstica não tenha errado ao perceber o caráter numinoso desse arquétipo, impressionando-se devidamente. Como função, a cruz representava para eles aquilo que o Oriente sempre entendeu por Atmã, isto é, o si-mesmo. Esta percepção constitui uma das experiências centrais do gnosticismo.

Originalíssima é a definição do centro, isto é, da cruz, como 434 διορισμός (limitação) do universo. Isto quer dizer que o universo atinge o seu limite não numa periferia, que não existe, mas no próprio centro. É somente nesse ponto que se tem a possibilidade de um "além de". Todo o instável, inconstante, culmina no eterno e no repousante, e é no si-mesmo que as desarmonias alcançam sua unidade e a "harmonia da sabedoria".

O centro representa uma ideia de totalidade e de algo definitivo. 435 Por isso, é lógico que o texto recorde imediatamente neste ponto a existência da dicotomia do universo, ou seja, sua divisão em direita e esquerda, luminoso e tenebroso, e também o celeste e a "raiz mais profunda", o *"omnium genetrix"*. Assim ele indica, de maneira inequívoca, que no centro tudo está contido e que, consequentemente, é o "Senhor", ou a cruz, que reúne e compõe todas as coisas; é, portanto, "nirdvanda", ou "livre de opostos", em clara concordância com as ideias orientais correspondentes e também com a psicologia desse símbolo arquetípico. É por isso que a figura gnóstica do Cristo, ou a cruz, corresponde ao modelo do mandala psicológico, que, como se sabe, é produzido espontaneamente pelo inconsciente. Constitui, portanto, um *símbolo natural*; quanto à origem, distingue-se da figura dogmática na qual falta *expressis verbis* o aspecto tenebroso.

Neste contexto, convém mencionar ainda as palavras de despe- 436 dida de Pedro, pronunciadas por ocasião de seu martírio (crucifixão de cabeça para baixo):

"Ó nome da cruz, mistério escondido; ó graça indizível, pronunciada juntamente como o nome da cruz; ó natureza humana que não pode ser separada de Deus; ó amor inefável que lábios impuros não podem

---

49. Lembro aqui os discursos inspirados e a glossolalia.

mostrar. Eu te compreendo, agora que estou no final de minha carreira terrestre. Quero fazer-te conhecido como és. Não quero silenciar o mistério da cruz que outrora era fechado e oculto à minha alma. Vós que colocais vossa esperança em Cristo, sede uma cruz e não aquilo que aparece; porque este (sofrimento), que é conforme ao sofrimento de Cristo, é inteiramente diverso daquilo que parece. E principalmente agora que estais capacitados para ouvir, podeis (ouvi-lo) de mim, que me encontro na minha derradeira hora, (a hora) da despedida de minha vida; ouvi: mantende vossa alma afastada de todo o sensível, de tudo o que é aparente e não real. Cerrai esses vossos olhos, cerrai esses vossos ouvidos; (afastai-vos) dos acontecimentos aparentes. E conhecereis o que se passou com Cristo, bem como todo o mistério da vossa salvação...

Conhecei o mistério de toda a criação e o início de tudo quanto existe, tal como aconteceu. Pois o primeiro homem, cuja espécie eu carrego em minha forma voltada de cabeça para baixo, mostrou uma maneira de surgir que outrora não existia, pois estava morta, uma vez que não tinha movimento. Mas quando Ele foi rebaixado, Ele, que também lançou sua origem sobre a terra, verificou como todas as coisas tinham sido estabelecidas, ou seja, dependentes do modo pelo qual haviam sido nomeadas, ocasião em que Ele indicou como sendo da esquerda o que era da direita e da direita o que era da esquerda, mudando todos os sinais da natureza (isto é), fazendo o não belo ser considerado como belo e o que é verdadeiramente mau como bom. A esse respeito, diz o Senhor no mistério: 'Se não fizerdes o direito como o esquerdo e o esquerdo como o direito, o em cima como o embaixo e o que está atrás como o que está à frente, não conhecereis o reino (dos céus)'. Fui eu quem vos trouxe esta compreensão, e a maneira em que me vedes pender é a imagem daquele homem que por primeiro surgiu".

437   Nesse texto, a concepção simbólica da cruz também se acha unida ao problema dos opostos; primeiramente, na ideia incomum da inversão universal provocada com a criação do homem primordial e depois, na tentativa de unir os opostos pela identificação. Também é significativa a identificação de Pedro crucificado de cabeça para baixo com a criação e a cruz:

O símbolo da transformação na missa 107

"A palavra é este madeiro ereto no qual estou crucificado; a ressonância é o travessão (isto é), a natureza humana; o cravo que fixa o
travessão ao madeiro vertical, no centro, é a conversão, mudança interior do homem"[50].

Mas apesar de tudo não se pode dizer que o gnóstico e, portanto, 438
o autor dos Atos de João estivesse plenamente consciente das consequências de suas premissas. Tem-se a impressão, pelo contrário, de
que a luz tragou inteiramente a treva. Como a visão iluminante está
em cima da crucifixão concreta, assim o iluminado está em cima da
multidão amorfa. O texto diz claramente: "Por isso, não te preocupes
com a grande multidão e despreza aqueles que se acham fora do mistério"[51]. Essa atitude orgulhosa deriva de uma inflação que surge a
partir do momento em que o iluminado se identifica com sua luz, isto
é, a partir do momento em que ele confunde o seu eu com o si-mesmo,
julgando-se assim acima de suas trevas. Ele se esquece de que a luz só
tem sentido quando ilumina as trevas e de que sua iluminação só serve para ajudá-lo a conhecer as próprias trevas. Se, porém, as forças
"da esquerda" são tão reais quanto as "da direita", sua mútua união
só pode produzir um terceiro elemento que participa da natureza de
ambas. Os opostos se unem quando há uma defasagem de energia: o
terceiro elemento que daí resulta não é uma forma que por ser "livre de opostos" está além de quaisquer categorias morais. Esta conclusão teria sido anacrônica para o gnosticismo. A Igreja viu o perigo do irrealismo gnóstico e por isso sempre insistiu, com razão prática, no aspecto concreto dos fatos históricos, embora os primeiros
escritos do Novo Testamento previssem a deificação final do homem, e isso numa singularíssima concordância com as palavras da
serpente do paraíso: "Eritis sicut dii"[52]. Entretanto, a elevação do homem a uma categoria de ordem superior só devia ser esperada, e com
certa razão, para depois da morte. Com isso evitou-se o perigo da inflação gnóstica[53].

---

50. *Actus Vercellenses*. In: HENNECKE, E. Op. cit., p. 247.

51. Ibid., p. 188.

52. Gn 3,5.

53. A possibilidade da inflação tornou-se iminente com as palavras de Cristo: "Sois deuses" (Jo 10,34).

439   Se o gnóstico não tivesse se identificado com o si-mesmo, teria sido forçado a reconhecer o quanto de tenebroso trazia dentro de si, visão esta de compreensão um pouco mais fácil para o homem moderno, embora lhe cause também os incômodos correspondentes. O homem de hoje está mais inclinado, inclusive, a admitir que pertence inteiramente ao diabo, do que a acreditar que seu Deus possa utilizar-se de manifestações contraditórias. Mas apesar das consequências maléficas de sua inflação fatal, o gnóstico adquiriu uma percepção da psicologia da religião, ou melhor, uma percepção religiosa, que pode ensinar-nos ainda muita coisa. Ele lançou um olhar profundo para as motivações secretas do cristianismo e, consequentemente, para seus desenvolvimentos posteriores. Isto decorre da circunstância de que, pelo seu conúbio com a gnose pagã, ele constituiu um fenômeno cristão de recepção que tentava integrar a mensagem cristã ao pensamento da sua época.

440   A quantidade extraordinária de sinônimos que se acumulam para definir a cruz encontra um paralelo nos símbolos naassênicos e peráticos referidos por Hipólito e que apontam para esse elemento único e central. É o ἓν τὸ πᾶν (uno total) dos alquimistas: de um lado, o coração e princípio do macrocosmo; de outro, o reflexo deste último num único ponto, isto é, no microcosmo, tal como o homem foi considerado desde tempos imemoriais. Ele provém da natureza do universo e seu centro é o centro do universo. Essa experiência interior dos gnósticos, alquimistas e dos místicos está relacionada com a natureza do inconsciente, e poderíamos mesmo dizer que é a própria experiência do inconsciente, pois este é uma realidade, é algo objetivo, que exerce indubitavelmente sua influência sobre a consciência, mas que em si e por si é indiferenciável. Embora se possa supor que o inconsciente apresente esboços de variações, não temos condições de prová-lo, pois tudo nele se acha contaminado por tudo. O inconsciente nos dá a impressão, de um lado, de constituir algo sumamente variado, e, de outro, de formar uma certa unidade. Embora nos sintamos, por um lado, avassalados por uma multidão de coisas diferentes que nos envolvem no tempo e no espaço, por outro sabemos, pelo que nos diz o mundo dos sentidos, que a esfera de validade de suas leis se estende a perder de vista. Acreditamos que se trata de um só e mesmo mundo, tanto no ínfimo quanto no máximo. O intelecto está

O símbolo da transformação na missa 109

sempre procurando ver as diferenças, porque sem essas diferenças não pode conhecer. Por isso, para ele a unidade constitui um postulado nebuloso, com o qual não sabe muito bem o que fazer. Mas a introspecção que penetra as razões psíquicas profundas não tarda muito a colidir com o inconsciente, que, ao contrário da consciência, permite apenas suspeitar da existência de determinados conteúdos, surpreendendo-nos a cada passo com uma multidão desconcertante de relações, paralelos, contaminações e identidades. Embora tenhamos sido forçados a admitir, em razão de nossos conhecimentos, a existência de um número indeterminado de arquétipos, os mais variados, somos constantemente assediados pela questão de saber até que ponto podemos diferenciá-los claramente, uns dos outros. Eles se interpenetram de tal modo e apresentam uma tal capacidade de combinação que parecem infrutíferas todas as tentativas de isolar os conceitos. Além do mais, o inconsciente apresenta, em agudo contraste com os conteúdos conscientes, a tendência de personificar-se de modo unitário, como se possuísse apenas *uma* forma, ou *uma* voz bem definida. Em virtude dessa peculiaridade, ele nos proporciona uma *experiência da unidade*, que possui todas aquelas qualidades às quais aludem os enunciados gnósticos e alquimistas, além de muitos outros.

Como nos mostram claramente o gnosticismo e outras correntes espirituais, há uma tendência *a priori* e ingênua de levar a sério, por assim dizer, todas as manifestações do inconsciente e de acreditar que a natureza do próprio mundo, isto é, a verdade definitiva, está encerrada nele. Esta concepção, à primeira vista muito pretensiosa, não me parece de todo destituída de fundamento. As manifestações espontâneas do inconsciente exprimem, afinal, uma psique que não se identifica de todo com a consciência, e em determinados casos se distancia imensamente dela. Trata-se de uma atividade psíquica natural e não aprendida, que independe do nosso arbítrio. Por isso, a manifestação do inconsciente é a revelação de um incognoscível que o homem traz dentro de si. Basta abstrairmos os condicionamentos ambientais da linguagem dos sonhos e substituirmos, por exemplo, águia por avião, monstros por automóveis e locomotivas, mordida de cobra por injeção, para reconhecermos a linguagem mitológica mais geral e fundamental. Assim procedendo, conseguiremos a conexão com

441

as imagens primitivas que estão na raiz de todos os atos de pensamento e que influenciam de modo considerável as nossas concepções, inclusive as de natureza científica[54].

442   Essas formas arquetípicas parecem exprimir algo que, no mínimo, relaciona-se com a natureza misteriosa de uma psique natural, isto é, com um fator cósmico de primeira ordem. Para salvar a honra da psique objetiva, desvalorizada pela moderna invasão da consciência, devo insistir sempre de novo que sem a psique não se pode determinar a existência do mundo, e muito menos conhecê-lo. Depois de tudo o que sabemos, não pode haver dúvida de que a psique primitiva ainda não se conhecia a si mesmo. Esta consciência só se formou no decorrer da evolução, que em parte se prolongou até os tempos históricos[55]. Ainda hoje conhecemos certas tribos primitivas cuja consciência se distancia muito pouco do lado tenebroso da psique primígena, e mesmo entre os homens civilizados podemos encontrar numerosos resquícios do estado primordial. É até mesmo provável que, diante das possibilidades de uma crescente diferenciação da consciência, esta se encontre ainda hoje a um nível relativamente baixo. Seja como for, ela desenvolveu-se a tal ponto e se tornou de tal modo autônoma, que pôde esquecer sua dependência em relação à psique inconsciente. Ela orgulha-se, e não pouco, dessa sua libertação, perdendo de vista o fato que, embora tenha se desembaraçado do inconsciente, em compensação tornou-se presa dos *conceitos verbais criados por ela mesma*. O diabo foi expulso por Beelzebu. A dependência em relação às palavras é tão forte, que um "existencialismo" filosófico tem de interferir de forma compensadora e lembrar uma realidade que existe apenas nas palavras; isto porém com o risco ameaçador de termos tais como "existência", "existencial" etc., darem origem, por sua vez, a novas palavras com as quais se acredita ter captado uma determinada realidade. Podemos, com efeito, ser tão dependentes das palavras quanto do inconsciente – e de fato também o somos. O caminho percorrido até o *Logos*

---

54. Cf. PAULI, W. "Der Einfluss archetypischer Vorstellungen auf die Bildung naturwissenschaftlicher Theorien bei Kepler". *Naturerklärung und Psyche* (OC, 8).

55. Em relação a isto, cf. a notável descrição de uma evolução da consciência, no texto do antigo Egito traduzido e comentado por, H. Jacobsohn: *Das Gespräch eines Lebensmüden mi seinem Ba.*

O símbolo da transformação na missa   111

representa, sem dúvida, uma grande conquista, que deve ser paga no entanto com a perda dos instintos, isto é, com a perda de realidade, na medida em que nos prendemos a simples palavras de uma maneira muito primitiva. Como as palavras substituem coisas, o que na realidade como se pode notar não conseguem, então assumem formas petrificadas, tornam-se extravagantes, estranhas, inconcebíveis; convertem-se naquilo que certos pacientes esquizofrênicos chamam de "palavras de força". Surge simplesmente um mágico da palavra, pelo qual nos deixamos impressionar demais, porque aquilo que é estranho é tomado como algo particularmente profundo e importante. Nesse sentido, o gnosticismo nos oferece os exemplos mais instrutivos. Os neologismos têm tendência a se tornarem não só impressionantemente autônomos, como também a ocuparem o lugar daquilo que originalmente deveriam exprimir.

A ruptura de contato com o inconsciente e a sujeição à tirania   443
da palavra representam uma grande desvantagem: a consciência torna-se cada vez mais presa à sua atividade discriminadora e, com isto, a visão do mundo se decompõe em inúmeras particularidades daí resultando a perda do sentido primígeno da unidade, indissoluvelmente ligado à unidade da psique inconsciente. Este sentido de unidade, que dominava o pensamento filosófico sob a forma da doutrina da correspondência e da simpatia entre todas as coisas, até mesmo em pleno século XVIII, só hoje, após um longo período de esquecimento, retorna, ingressando no campo visual da ciência, graças às descobertas da psicologia do inconsciente e da parapsicologia. O modo pelo qual o inconsciente penetra no horizonte da consciência, isto é, mediante um distúrbio neurótico, não só lembra as condições político-sociais de nosso tempo, como também se manifesta através de fenômenos parciais das mesmas. Em ambos os casos, com efeito, gera-se uma dissociação de natureza análoga; no primeiro caso, uma divisão da consciência universal em duas partes, mediante "uma cortina de ferro"; no segundo, uma divisão da personalidade individual. Essa dissociação se estende pelo mundo inteiro e, psicologicamente, atinge um grande número de indivíduos cuja soma produz justamente os fenômenos de massa correspondentes. No Ocidente, é sobretudo o fator social das massas, enquanto no Oriente é principalmente a técnica que solapa as antigas normas. Este processo tem sua origem

primeiramente no desenraizamento econômico e psicológico das populações industriais, que se originou, por sua vez, do rápido progresso da técnica; esta, porém, baseia-se, evidentemente, numa diferenciação racionalmente orientada da consciência, cuja tendência é a de recalcar todos os fatores psíquicos de natureza irracional. Isto faz com que surja, tanto nos indivíduos, quanto no seio do povo, uma oposição que com o correr do tempo se transforma em conflito aberto.

444 Algo inverso, mas de natureza semelhante, ocorreu, embora em menor escala, e num nível espiritual, nos primeiros séculos da era cristã. A desorientação espiritual do mundo romano foi compensada pela irrupção do cristianismo. Este, para poder sobreviver, teve de defender-se não só de seus inimigos mas também de suas próprias pretensões exageradas, como, por exemplo, o gnosticismo. Precisou racionalizar, cada vez mais, a sua doutrina, para poder opor um dique à maré do irracional. Formou-se então, ao longo dos séculos, aquela união entre a mensagem irracional e originária de Cristo e a razão humana, que caracteriza o pensamento ocidental. Entretanto, à medida que a razão foi prevalecendo, o intelecto se impôs e exigiu uma autonomia. Mas o intelecto apoderou-se também da natureza, tal como o fizera com a psique, gerando assim uma época técnico-científica que oferecia cada vez menos espaço para o homem natural e irracional. Mas com isto também se colocaram as bases de uma oposição interior que hoje ameaça o mundo com o caos. Devido a esta inversão, o inferno se esconde hoje por detrás da razão e do intelecto, isto é, por detrás de uma ideologia racionalista que tenta se impor, a ferro e fogo, como se fosse uma fé obstinada, rivalizando com os aspectos mais obscuros de uma *ecclesia militans*. Inversamente, o pensamento cristão ocidental, numa enantiodromia singular, tornou-se o defensor do irracional, no sentido de que suas concessões ao racionalismo e ao intelectualismo, apesar de sua paternidade em relação aos mesmos, não chegaram ao ponto de levá-lo a renunciar sua fé nos direitos do homem, principalmente na liberdade do indivíduo. Mas é essa liberdade que garante o reconhecimento fundamental do irracional, apesar do perigo de um individualismo caótico, sempre à espreita. A fé numa *ordem superior* está indissoluvelmente ligada ao apelo aos direitos eternos do homem, não só em virtude do fato histórico de que a ideia central de Cristo mostrou ser um fator de ordem

O símbolo da transformação na missa

que perdura ao longo dos séculos, como também porque o si-mesmo compensa eficazmente situações caóticas, pouco importando o nome sob o qual ele tenha sido concebido: ele é o *anthropos* supramundano, no qual estão encerradas a liberdade e a dignidade do homem individual. Sob este ângulo, não tem sentido qualquer atitude de depreciação ou de menosprezo em relação ao gnosticismo. Sua simbologia, de caráter manifestamente psicológico, poderia ser hoje, para muitos, fonte de uma compreensão mais viva da tradição cristã.

Se quisermos compreender a psicologia da figura de Cristo dos gnósticos, acho necessário lembrar essas transformações históricas, pois só podemos compreender os enunciados dos *Atos de João* sobre a natureza do Senhor se os tomarmos como expressões da experiência da unidade primígena frente à multiplicidade amorfa dos conteúdos conscientes. O Cristo dos gnósticos, cuja figura já se acha indicada implicitamente no Evangelho de João, representa a unidade primordial do homem e a eleva à categoria de finalidade redentora da evolução. Com a "consolidação do instável", com o ordenamento do caos, com a união das desarmonias e com a concentração num ponto focal, em resumo, com a "demarcação" do múltiplo e o voltar-se da consciência para a cruz, a consciência deve tornar a ligar-se com o inconsciente, e o homem inconsciente com o seu centro, que é ao mesmo tempo o ponto central do universo: assim poderão ser alcançados os objetivos da redenção e da glorificação do homem. 445

Por mais correta que seja esta intuição, não deixa também de ser perigosa, pois pressupõe uma consciência do eu capaz de opor resistência, e que não esteja sujeita à tentação de se identificar com o si-mesmo. Mas uma tal consciência do eu parece que só ocorre muito raramente, como mostra a história: em geral, há o perigo do eu identificar-se com o Cristo interior, apoiando-se numa *imitatio Christi* erroneamente compreendida. Isto não é mais do que a inflação, acerca da qual o texto dá uma amostra. Para conjurar esse perigo, a Igreja não deu muito valor ao "Cristo em nós", mas ressaltou o "vimos, ouvimos e apalpamos com as nossas mãos", isto é, sublinhou o acontecimento histórico ocorrido "lá embaixo, em Jerusalém". Isto constitui uma atitude sábia, que leva em conta, realisticamente, o caráter primitivo da consciência não só do homem antigo, como também do homem moderno. Com efeito, quanto menos a consciência se lembra 446 do inconsciente, tanto maior é o perigo de identificar-se com ele, e há o perigo consequentemente da inflação psíquica, que, como sabemos por experiência própria, pode apoderar-se de toda uma nação, a modo de uma epidemia psíquica. Se quisermos que Cristo seja "real" para essa consciência relativamente primitiva, Ele só o pode ser como figura histórica e como entidade metafísica, mas nunca como centro psíquico na perigosa vizinhança do eu. A evolução gnóstica avançou a tal ponto, apoiada na autoridade da Sagrada Escritura, que Cristo passou a ser visto claramente como um fato interior, isto é, como um fato psíquico. Com isso estabeleceu-se a relatividade da figura de Cristo, como se vê significativamente expresso no texto citado: "Porque, enquanto não te considerares meu, eu não serei o que fui... Serei o que fui quando eu te tiver junto a mim". Daí resulta inequivocamente que, embora Cristo já existisse nos primórdios ou antes de todos os tempos de modo total, isto é, antes da consciência, perdeu ou sacrificou essa totalidade pelo homem[56], e só poderá readquiri-la mediante o processo de integração. Sua totalidade depende do homem: "Serás igual a mim em compreensão". Esta conclusão inevitável mostra-nos a existência do perigo com bastante clareza. O eu acha-se mergulhado no si-mesmo, ou seja: sem se conhecer, com todas as suas deficiências e obscuridades, converteu-se num deus, julgando-se acima do homem comum, o que não recebeu a iluminação. Identificou-se com sua própria concepção do "homem superior", sem perceber absolutamente que tal figura é, segundo sua própria definição, a reunião de forças, atos de violência, dominações, "demônios", e mesmo do diabo, que se acham à direita e à esquerda. Tal imagem é absolutamente incompreensível e não passa de um "mistério terrível", com o qual não nos identificamos na medida em que gozamos de são juízo. Seria suficiente saber que existe tal mistério e que o homem está próximo dele em alguma parte, mas que deveria ter cuidado de não confundir o seu eu com esse mistério. A confrontação com seu lado tenebroso deveria não só preveni-lo contra a inflação, como também incutir-lhe um temor salutar em relação àquilo de que o homem é capaz. Ele não

---

56. Esta concepção parece estar contida na passagem da quenose (Fl 2,5): "Tende em vós os mesmos sentimentos que Cristo Jesus teve: Ele, subsistindo na condição de Deus, não considerou um roubo ser igual a Deus, mas despojou-se (ao pé da letra: esvaziou-se, ἐχένωσεν, *"exinanivit"*), assumindo a condição de servo".

O símbolo da transformação na missa

pode dominar o antagonismo terrível de sua natureza com as próprias forças, mas somente mediante a experiência de um processo que não depende dele, ou seja, de um processo psíquico que não é determinado por ele.

Se realmente existe um processo dessa natureza, necessariamente pode ser experimentado. Minha experiência de vários decênios com grande número de indivíduos, bem como a de muitos outros médicos e psicólogos – sem falar nos enunciados das grandes religiões expressos em terminologias diferentes, mas coincidentes quanto ao essencial e ainda (*last not least*), os enunciados da fenomenologia universalmente difundida do xamanismo, que antecipa em nível arcaico a simbologia alquimista da individuação[57] – tudo isso vem confirmar a presença e, consequentemente, a existência de um fator ordenador de compensação; este independe da consciência do eu, e sua natureza, que transcende a consciência, não é mais maravilhosa do que a ordem segundo a qual se processa a desintegração do rádio ou do que a adaptação de um vírus à anatomia do homem[58], ou ainda a simbiose planta-animal. Imensamente mais maravilhosa é que o homem possa ter um conhecimento consciente e reflexo desses processos ocultos, ao passo que os animais, as plantas e os seres inorgânicos, aparentemente carecem dele. Mas para um átomo de rádio talvez constituísse uma experiência extática saber que o período ou idade de sua desintegração está fixado com toda a exatidão, ou, para a borboleta, conhecer a flor que lhe assegura a reprodução, tendo já providenciado tudo o que é necessário para isso.

A experiência numinosa do processo de individuação, em nível arcaico, é algo que interessa particularmente ao xamã e ao curandeiro; depois, ao médico, ao profeta e ao sacerdote, e por fim à filosofia e à religião no estágio de civilização. As experiências de doença, tortura, morte e cura do xamã contêm, num estágio superior, a ideia de sacrifício, de reconstituição da totalidade, de transubstanciação e de elevação do homem à condição de ser pneumático; numa palavra, a

447

448

---

57. A esse respeito, comparar a ampla exposição de ELIADE, M. Op. cit.

58. Remeto o leitor à conferência do Prof. Portmann. *Die Bedeutung der Bilder in der lebendigen Energiewandlung*, Eranostagung, 1952.

ideia de *apotheosis*. A missa é a soma e a quintessência de uma evolução que durou milhares de anos e que mediante a ampliação e o aprofundamento progressivo da consciência fez a experiência, inicialmente isolada, de um determinado indivíduo tornar-se patrimônio comum de um grupo maior. O processo psíquico que está na origem dessa evolução permanece, contudo, um segredo, e é representado de maneira viva e penetrante nos "mistérios" ou "sacramentos"; com o apoio de instruções, exercícios, meditações e ações sacrificais o *mystes* (iniciado) é mergulhado na esfera do mistério, a ponto de ser capaz de sentir de certo modo sua vinculação íntima com os acontecimentos míticos. Assim vemos, por exemplo, no Antigo Egito, que a osirificação[59], originariamente uma prerrogativa real, estende-se paulatinamente à nobreza e no final da tradição também a cada indivíduo em particular. Os mistérios, na esfera grega, inicialmente celebrados a portas fechadas e em segredo, tornaram-se também pouco a pouco acontecimentos coletivos; e na época imperial fazia parte, por assim dizer, do esporte dos turistas romanos a iniciação em certos mistérios estrangeiros. O cristianismo, após alguma hesitação, transformou por completo a celebração dos mistérios em ato público, pois sua preocupação principal era introduzir o maior número possível de pessoas na experiência do mistério. Assim, tornou-se inevitável que o indivíduo tomasse consciência de sua própria transformação e das condições psicológicas necessárias, como, por exemplo, a confissão e o arrependimento dos pecados. Com isso, foram lançados os fundamentos da seguinte ideia: a transformação que se opera no decurso do mistério é menos uma operação mágica do que processos psicológicos, ideia esta que surgira nos primórdios da alquimia e consistia (mais explicitamente) em que seu *opus operatum*[59a] podia ser comparado, no mínimo, com o mistério celebrado na Igreja. Possuía, inclusive, uma significação cósmica, na medida em que por meio dessa operação a alma divina do mundo se libertava do cárcere da matéria. Creio ter mostrado suficientemente que o aspecto "filosófico" da al-

---

59. (Cf. NEUMANN, E. *Ursprungsgeschichte des Bewusstseins*, 1949, p. 259s.).

59a. Expressão própria da terminologia sacramental que significa: efeito produzido pela própria colocação do ato, independentemente das disposições do sujeito que o recebe ou a quem se destina [N.T.].

quimia nada mais é do que uma antecipação simbólica de conhecimentos psicológicos que, como nos mostra o exemplo de Gerardus Dorneus, já estavam bem avançados no final do século XVI[60]. Mas bastou o deslumbramento de nossa época intelectualizada para ver na tentativa da alquimia uma química malsucedida e na visão psicológica moderna uma "psicologização", isto é, a destruição do mistério. Da mesma forma que os alquimistas estavam conscientes de que a produção de sua pedra era um milagre que só poderia acontecer *concedente Deo*, assim também o psicólogo moderno sabe que não pode apresentar mais do que uma descrição de um processo psicológico, formulada em símbolos científicos, processo cuja natureza real transcende a consciência, tal como o mistério da vida ou da matéria. Ele não explica o mistério como tal em parte alguma, fazendo-o murchar. O que faz, em consonância ao espírito da tradição cristã, é aproximá-lo um pouco mais da consciência individual, comprovando, à base de dados empíricos, o caráter real e passível de experiência do processo de individuação. "Considerar um enunciado metafísico como processo psicológico não implica absolutamente que ele seja meramente psíquico", tal como os meus críticos se comprazem em dizer. Como se o termo "psíquico" expressasse algo universalmente conhecido! Será que ninguém ainda percebeu que ao empregarmos a palavra "psique" estamos indicando simbolicamente aquilo que se poderia imaginar de mais obscuro? Faz parte da ética do pesquisador o poder confessar o ponto em que seu saber chega ao termo. Este termo significa o começo de conhecimentos mais altos.

---

60. Cf. a esse respeito: *Aion* [OC, 9/2, § 249s.].

Referências[*]

A. Antigas coletâneas de tratados alquimistas de diversos autores

Ars Chemica, quod sit licita recte exercentibus, probationes doctissimorum iurisconsultorum... Argentorati (Estrasburgo), 1566. [Tratado referido neste volume: *Studium Consilii coniugii de massa solis et lunae* (p. 48-263, geralmente citado como *"Consilium coniugii"*)].

Artis Auriferae quam chemiam vocant... Basilea, 1593, 2 vols. [Tratados referidos neste volume: • Vol. I *Turba philosophorum* [a) primeira versão, p. 1-65; b) outra versão, p. 66-139]. • *Aurora consurgens, quae dicitur Aurea hora* (p. 185-246). • Vol. II *Rosarium philosophorum* (p. 204-384; inclui uma segunda versão da *"Visio Arislei"* p. 246s.)].

MANGETUS, J.J. (org.). *Bibliotheca Chemica Curiosa, seu Rerum ad alchemiam pertinentium thesaurus instructissimus...* Geneva (Coloniae Allobrogum), 2 vols. 1702, [Tratado citado neste volume: • Vol. I *Turba philosophorum* (p. 445-465; uma outra versão, p. 480-494). • Vol. II *Consilium coniugii seu De massa solis et lunae libri III* (p. 235-266)].

Musaeum hermeticum reformatum et amplificatum... continens tractatus chimicos XXI praestantissimos... Frankfurt, 1678. [Tratado citado neste volume: (Sendivogius) *Novi luminis chemici tractatus alter de sulphure* (p. 601-646).

Theatrum chemicum, praecipuos selectorum auctorum tractatus.... continens. Ursellis et Argentorati (Estrasburgo), 1602-1661, 6 vols. (Vol. I-III, Ursel, 1602; vol. IV-VI, Estrasburgo, 1613, 1622, respect. 1661). [Tratados citados neste volume: • Vol. I

Dorneus: *Speculativae philosophiae, gradus septem vel decem continens* (p. 255-310).

---

[*] As referências estão organizadas em ordem alfabética e englobam duas partes: A. Antigas coletâneas de tratados alquimistas de diversos autores. B. Bibliografia geral, com referências ao assunto da parte A.

120 Obra Completa – Vol. 11/3

Dorneus: *Congeries Paracelsicae chemiae de transmutationibus metallorum* (p. 557-646). • Vol. V *Tractatus Micreris suo discípulo Mirnefindo* (p. 101-113). *Liber Platonis quartorum...* (p. 114-208)].

B. Bibliografia geral

AELIANO (CLAUDIUS AELIANUS). *Varia historia*. 1866 [HERCHER, Rudolf (org.)].

AGOSTINHO. Sermones. In: MIGNE, J.P. (org.). *Patr. lat.* Vol. 38, col. 1.006. Paris: Migne, 1844/1880.

_____. *Tractatus in Joannem.* In: MIGNE. (org.). Patr. lat., vol. 35. Paris: Migne, 1844/1880.

_____. *De spiritu et anima.* 11 vols. In: Opera Omnia S. Augustini. Paris: [s.e.],1836.

ANDREAE, J.V. Cf. ROSENCREUTZ. *"Aurora consurgens"*. [Cf. A) *Artis auriferae*].

BARBARUS, H. Cf. HERMOLAUS.

BERTHELOT, M. *La chimie au moyen âge.* 3 vols. Paris: 1893.

_____. *Collections des anciens alchimistes grecs.* Paris: [s.e.], 1887/1888.

BIN GORION, M.J. *Die Sagen der Juden.* Berlim: [s.e.], 1935.

BOUCHÉLECLERCQ, A. *L'astrologie grecque.* Paris: [s.e.], 1899.

BOUSSET, W. *Hauptprobleme der Gnosis.* (Forschungen zur Religion und Literatur des Alten und Neuen Testaments, 10). Göttingen: [s.e.], 1907.

BRINKTRINE, Johannes. *Die Heilige Messe.* 2 ed., Paderborn: [s.e.], 1934.

CAMPBELL, C. *The Miraculous Birth of King Amon-Hotep III.* Edimburgo/Londres: [s.e.], 1912.

CAUSSINUS, N. *De symbolica aegyptiorum sapientia. Polyhistor symbolicus, electorum symbolurum et parabolarum historicarum stromata.* Coloniae Agrippinae: [s.e.], 1623.

CIPRIANO. *Epistola ad Caecilium.* In: MIGNE, Patr. lat., t. 4, col. 383s.

CUMONT, F. *Textes et monuments figurés relatifs aux mystères de Mythra.* Bruxelas: [s.e.], 1894-1899, 2 vols.

DENZINGER, H. *Enchiridion Symbolorum.* Friburgi Brisg.: [s.e.], 1921. [RAHNER, Carolus (org.)].

DIETERICH, A. *Eine Mithrasliturgie.* 2. ed. Leipzig: [s.e.], 1910.

DORNEUS, Gerardus. [Cf. A) *Theatrum chemicum*].

O símbolo da transformação na missa

DOZY, R. & DE GOEJE, M.J. Nouveaux documents pour l'étude de la religion des Harraniens. *Actes du sixième congrès international des Orientalistes*, 1883. Leiden: [s.e.], 1885.

EISLER, R. *Orpheus, the Fisher*. Londres: [s.e.], 1921.

_____. *Weltenmantel und Himmelszelt*. Munique: [s.e.], 1910, 2 vols.

ELIADE, M. *Le chamanisme et les techniques archaiques de l'extase*. Paris: [s.e.], 1951.

ERMAN, A. *Ägypten*. Tübingen: [s.e.], 1885, 2 vols.

EUSÉBIO. *Praeparatio evangelica*. In: MIGNE, Patr. gr., t. 21, liber I, cap. IX/X.

FIRMICUS MATERNUS, J. *De errore profanarum religionum*. Viena, 1867. [HALM, Carolus] [Corpus scriptorum ecclesiasticorum latinorum, 2].

FRAZER, J.G. *Adonis, Attis, Osiris* (The Golden Bough, Part IV). 2 vols. 2. ed., Londres: [s.e.], 1907.

_____.*The Dying God. (The Golden Bough*, Part III). Londres: [s.e.], 1911.

FROBENIUS, L. *Das Zeitalter des Sonnengottes*. Berlim: [s.e.], 1904.

FROMER, J. & SCHNITZER, M. *Legenden aus dem Talmud*. Berlim: [s.e.], 1922.

GUILLÉN, J. *Lobgesang*. Zurique: [s.e.], 1952 [Seleção e tradução de CURTIUS, E.R.].

HASTINGS, J. (org.): *Encyclopaedia of Religion and Ethics*. 13 vols. Edimburgo/Nova York: [s.e.], 1908-1927.

HAUCK, A. (org.). *Realenzyklopaedie für protestantische Theologie und Kirche*. 24 vols. Leipzig: [s.e.], 1896/ 1913.

HENNECKE, E. *Neutestamentliche Apokryphen*. 2. ed., Tübingen: [s.e.], 1924.

HERMOLAUS BARBARUS. *In Dioscoridem corollarium libris quinque absolutum*, Veneza: [s.e.], 1516.

HILLEBRANDT, A. *Lieder des Rgveda*. Göttingen/Leipzig: [s.e.], 1913.

HIPÓLITO. *Elenchos* (Refutatio omnium haeresiarum). *Hippolytus'* Werke. Vol. III, Leipzig: [s.e.], 1916 [WENDLAND Paul (org.)].

HOGG, J. *Vertrauliche Aufzeichnungen und Bekenntnisse eines gerechttertigten Sünders*. Stuttgart: [s.e.], 1951.

HOGHELANDE, T. *De alchemiae difficultatibus*. Cf. A) MANGETUS, *Bibliotheca chemica curiosa. Theatrum chemicum*, vol. I.

JACOBSOHN, H. *Das Gespräch eines Lebensmüden mit seinem Ba*. In: *Zeitlose Dokumente der Seele*. (Studien aus dem C.G. Jung-Institut, 3), Zurique, 1952.

Jewish Encyclopaedia, The. Nova York: [s.e.], 1925, 12 vols.

JUNG, C.G. Synchronizität als ein Prinzip akausaler Zusammenhänge. In: *Naturerklärung und Psyche*. (Studien aus dem C.G. Jung Institut, 4), 1952, t. 8.

_____. *Symbole der Wandlung*. 4. ed. [Refundida com o título: *Wandlungen und Symbole der Libido*, 1952. Ges. Werke, t. 5].

_____. *Aion. Untersuchungen zur Symbolgeschichte*. 1951. Ges. Werke, t. 9, parte II.

_____. *Psychologie und Alchemie*. 1944. Ges. Werke, t. 12 [2.ed., 1952].

_____. Der Geist Mercurius. In: *Symbolik des Geistes*, 1948. Ges. Werke, t. 13.

_____. *Psychologie der Übertragung*. 1946. Ges. Werke, t. 16.

_____. Psychologie und Dichtung. In: *Philosophie der Literaturwissenschatt*. Berlim: [s.e.], 1930 [ERMATINGER, Emil (org.)] – [Refundida em: *Gestaltungen des Unbewussten*, 1950. Ges. Werke, t. 15].

_____. Psychologische *Typen*. 1921. Ges. Werke, t. 6.

_____. Die Visionen des Zosimos. Eranos-Jahrbuch, 1937/1938. In: *Von den Wurzeln des Bewusstseins*, 1954. Ges. Werke, t. 13.

KABASILAS DE TESSALONICA. *De divino altaris sacriticio*. In: MIGNE. Patr. gr., t. 150, col. 363-492.

KÄSEMANN, E. *Leib und Leib Christi, Beitriäge zur historischen Theologie*, 9. Tübingen: [s.e.], 1933.

KHUNRATH, H.C. *Amphitheatrum sapientiae aeternae...* Hanau: [s.e.], 1604.

_____. Von hylealischen, *Das ist Pri-Materialischen Catholischen, oder algemeinen Natürlichen Chaos*. Magdeburgo: [s.e.], 1597.

KLUG, H. Die Lehre des seligen Johannes Duns Skotus über das Opfer, besonders über das Messopfer. *Theologie und Glaube*, XVIII, Paderborn: [s.e.], 1926, p. 315s.

KRAMP, J. *Die Opteranschauungen der römischen Messliturgie*. 2. ed. Regensburg: [s.e.], 1924.

LEISEGANG, H. *Denktormen*. Berlim: [s.e.], 1928.

_____. *Die Gnosis*. Leipzig: [s.e.], 1924.

_____. *Der Heiligie Geist*. Leipzig: [s.e.], 1919.

O símbolo da transformação na missa

LÉVY-BRUHL, L. *Les fonctions mentales dans les sociétés inférieures*. 2. ed. Paris: [s.e.], 1912.

LIPPMANN, E.O. *Entstehung und Ausbreitung der Alchemie*. 2 vols. Berlim: [s.e.], 1919-1931.

LIPSIUS, R.A. & BONNET, M. *Acta apostolorum apokrypha*. 3 vols. Leipzig: [s.e.], 1898.

MAJER, M. *Atalanta fugiens, hoc est, Emblemata nova de secretis naturae chymica*. Oppenheim: [s.e.], 1618.

_____. *Symbola aureae mensae duodecim nationum*. Frankfurt a.M. : [s.e.], 1617.

MANGETUS, cf. A).

MEAD, G.R.S. *Pistis Sophia*. Londres: [s.e.], 1921.

_____. *Fragments of a Faith Forgotten*. 2. ed. Londres: [s.e.], 1906.

MIGNE, J.P. *Patrologiae cursus completus. Series latina*. Paris, 1844-1880, 221 vols. (Aqui citado como Patr. lat.).

_____. *Series graeca*. Paris, 1857-1866, 116 vols. (Aqui citado como Patr. gr.) (As referências nestas obras dizem respeito às colunas, não às páginas).

MYLIUS, J.D. *Philosophia relormata*. Frankfurt a.M.: [s.e.], 1622.

NEUMANN, E. *Ursprungsgeschichte des Bewusstseins*. Zurique: [s.e], 1949.

ONIANS, R.B. *The Origins of European Thought*. Cambridge: [s.e.], 1951.

ORÍGENES. Contra Celsum. In: MIGNE. Patr. gr., t. 11, cols. 657s.

PAULI, W. Der Einfluss archetypischer Vorstellungen auf die Bildung naturwissenschaftlicher Theorien bei Kepler. In: *Naturerklärung und Psyche* (Studien aus dem C.G. Jung-Institut, 4). Zurique, 1952.

PICINELLUS, P. *Mundus symbolicus*. Colônia: [s.e.], 1681.

PLUTARCO. *Quaestiones convivales*. Cf. *Tischgespräche*. In: *Vermischte Schriften*. Vol. 1. Munique/Leipzig: [s.e.], 1911 [Seleção e org. do Revdo. Conrad].

_____. De defectu oraculorum. Cf. Über den Verfall der Orakel. In: *Plutarch's Werke*. Stuttgart: [s.e.], 1858, vol. X [Trad. de J.C. Bähr].

PORTMANN, A. Die Bedeutung der Bilder in der lebendigen Energiewandlung. *Eranos-Jahrbuch*, XXI, 1953. Zurique.

PREISENDANZ, K. *Papyri Graecae magicae*. Leipzig/Berlim: [s.e.], 1928-1931. 2 vols.

REITZENSTEIN, R. *Poimandres*. Leipzig: [s.e.], 1904.

124 Obra Completa – Vol. 11/3

REUSNER, H. *Pandora, das ist die edelst Gab Gottes, oder der werde und heilsame Stein der Weysen.* Basileia: [s.e.], 1588.

RIPLEY, G. *Opera omnia chemica.* Kassel: [s.e.], 1649.

ROSCHER, W.H. (org.). *Auslührliches Lexikon der griechischen u. römischen Mythologie.* 6 vols. Leipzig: [s.e.], 1884-1937.

ROSENCREUTZ, C. (ANDREAE, J.V.). *Chymische Hochzeit...* Anno 1459. Berlim: [s.e.], 1913 [De uma edição feita em Estrasburgo em 1616. MAACK, F. (org.)].

ROSSI, G.B. *Musaici cristiani delle Chiese di Roma anteriori al secolo XV.* Roma: [s.e.], 1899.

RULAND, M. *Lexikon Alchemiae, sive Dictionarium alchemisticum.* Frankfurt, a.M.: [s.e.], 1612.

SCOTT, W. (org.). *Hermética.* 4 vols. Oxford: [s.e.], 1924-1936.

SELER, E. *Einige Kapitel aus dem Geschichtswerk des Fray Bernardino de Sahagun.*, Stuttgart: [s.e.], 1927 [Traduzido do asteca e organizado por SELER-SACHS, C.].

STEEBUS, J.C. *Coelum sephiroticum hebraeorum.* Mainz: [s.e.], 1679.

STERN, L. Die koptische Apokalypse des Sophonias. *Zeitschrift für ägyptische Sprache u. Altertumskunde.* XXIV. Leipzig: [s.e.],1886.

STOLCENBERG, Daniel, S. *Viridarium chymicum liguris cupro incisis adornatum et poeticis picturis illustratum...* Francofurti [s.e.], 1624.

STRACK, H.L. & BILLERBECK, P. *Kommentar zum Neuen Testament aus Talmud und Midrasch.* 4 vols. Munique: [s.e.], 1922-1928.

TERTULIANO. *De carne Christi.* In: MIGNE. Patr. lat., t. 2, col. 752s.

THORNDIKE, L. *A History of Magic and Experimental Science.* 6 vols. Nova York: [s.e.], 1923-1941.

Viridarium chymicum. Cf. STOLCIUS DE STOLCENBERG.

WEIZSÄCKER, C. *Das Neue Testament* [Trad. de C. Weizsäcker].

WICKHOFF, F. Das Apsismosaik in der Basilika des H. Felix zu Nola. *Römische Quartalschrift*, III. Roma: [s.e.], 1889.

WILHELM, R. *I Ging. Das Buch der Wandlungen..* Jena, 1923 [Trad. do chinês e notas de R .Wilhelm].

WOOLEY, L. *Abraham. Recent Discoveries and Hebrew Origins.* Londres: [s.e.], 1936.

ZAHN, T. *Acta Joannis.* Erlangen: [s.e.], 1880.

Índice analítico[*]

Abel 327

Abraão 327

- sacrifício do filho de 395, 406

Ação cultural, liturgia, beleza da 379

À direita e à esquerda 435, 446

Água 313

- e fogo 354, 356

- divina 358

-- produção da 344, 355, 412

- *hydor theion* 355

- significação hílica da 312

- como pneuma 313, 354

- como símbolo 315

- vinho e água na missa 312

Albedo, alvura, "branqueamento" 371

Alma do mundo (cf. tb. *anima mundi*) 420

- na matéria 420, 448

Alma, transformação da 413

Alquimia 351, 359, 363, 399

- e química 448

- cristianismo e 374, 448

- *corpus imperfectum* na 310

- *divisio* etc. na 411

- grega 353

- meditações na 344

- parábolas da 344

- aspecto filosófico da 448

- símbolos, simbologia da 360, 375

Alquimista(s) 420

- experiência anterior dos 440

- fantasia dos 357

Anatomia 447

Anima, animus e corpus 358

Animais, galo 361

galo 362

leão 357

- morte do 351

rinoceronte 408

vaca, boi 348

escorpião 359[57]

touro, sacrifício do 342

pássaro 348[19]

carneiro 375, 406[26]

poupa 362

Animus 358

Antropofagia 399

Antropomorfismo 307

Anthropos 380, 425, 444

- arquétipo do 419, 425

- *teleios Anthropos* 414, 430

Anzol de ouro 357

Apocatástase 401

Apotropeísmo 319

Aqua permanens 313[11], 355, 357, 358

- Mercúrio como 420

Arconte, Arcônides 373, 408

---

[*] Os números referem-se aos parágrafos e os elevados às notas de rodapé.

Arquétipo(s) 410, 442
- numinosidade dos 433
Árvore da vida 359
Atis 348
Atman 433
Átomo de rádio e sua desintegração 447
Autoconhecimento (*Selbstbesinnung*), meditar sobre si mesmo 400, 400[20], 401
- *Selbsterkenntnis*: conhecimento de si mesmo 390, 411
Automóvel, no sonho 441
Autossacrifício 307, 379, 390, 392
Avião 441

"Barbeiro" 347
Barbeio, barbeliotas 332
Barrabás 406
Batismo 313, 335, 423
Benedictio fontis 401
Bola, jogo de 418
Budismo 318[14]
- tibetano 380

Cabeça ensanguentada 365
- de ouro 367
- oracular de Harran 366
-- na Grécia 373
- culto do crânio 372
Cabeça oracular 365, 373
Cabelos, queda dos 348
Cabiros 368
Caçadores 382
Cálice eucarístico, de Damasco 384
Caná, milagre do vinho em 384
Caos 444
- ordem no 445
Caráter paradoxal 401
- como característica dos escritos jesuíticos 417
Castigo, punição, ideia de 407

Caverna 428, 430
Ceia, refeição sacrifical 299, 342, 346
- última ceia de Cristo 378
Ceia 324
Centro 427
Céu 402
- e terra 361
China 375
Chumbo 344[8]
Cibele 348
Ciência e fé 376
Ciências naturais 375
Cinco, número cinco 332
Círculo(s) 424
- e o centro, ponto central, como símbolo de Cristo e da comunidade 418
Circumambulatio 318
Cleômenes de Esparta 373
Código moral, de costumes 390, 394
Cogitatio 421
Commixtio do pão e do vinho 334
- do vinho e da água 324
- como símbolo da ressurreição 335
Communio, na missa 300, 312, 339, 341
Comoção interior, como fenômeno religioso 379
Composição, consolidação 399, 418, 429, 435, 445
- de forças situadas à direita e à esquerda 446
Conceitos verbais, dependência em relação aos 442
Conflito 443
- moral 396
Conflitos de deveres 394
Confrontação 400
Conhecimento 417
Consecratio na missa 300, 307, 322, 379
Consciência 446

O símbolo da transformação na missa

- autonomia da 391
- diferenciação da 442, 443
- *hybris* da 391
- níveis da 410
-- domínio da c. pelo inconsciente 442
Consciência e inconsciente 318, 440
- como totalidade do homem 390, 419
- conflito entre 392
Conscienciosidade, como o que há de melhor no homem 383
Cordeiro 328
Cordeiro sacrifical 403
Cores 361
Corpo de Buda, glorificação do 335
- separação entre alma e 361
- transformação do 371
Corpus glorificationis 312
- *imperfectum* 310, 323
Correspondência e simpatia de todas as coisas 443
Criador (cf. tb. Deus) 409
Criança, recém-nascido 348
Cristal 400
Cristianismo 408, 439
- raízes do 439
- compensação mediante o 444
- e celebração dos mistérios 300
- difusão universal do 381
- primitivo 343, 433
Cristo 378, 380, 384, 422, 429
- *Adam secundus*, como 414
-- androginia de 337
- ressurreição de 328, 335, 378
- sangue de 313, 317, 330, 334, 338, 353, 355
- e o mal, o elemento obscuro 423, 435
- como *Filius Microcosmi* 357
- como totalidade 414, 446
- oposição, unificação dos contrários em 417

- presença de C. como elemento operativo 323
- glorificado 331
-- dos gnósticos 445
- como Deus e como homem 418
- como unidade divina e humana 427
- e o fato histórico 446
- *imitatio Christi* 413
-- interpretada erroneamente 446
-- encarnação de 329, 378
- interior, "em mim", "em nós" 446
- e João 429
- "corpo" de 304, 330, 334, 338
- sofrimentos, paixão de 378, 415, 436
- como Lagos 400, 415
- e o homem, relação entre 413
- como Filho do Homem 400, 414
- como centro (meio), como mediador 418
- como *nous* 422
- como fator ordenador 444
- como sacrificante e sacrificado 307, 324, 337, 388, 418
- morte, morte sacrifical de 328, 339, 355, 378, 431
- relatividade da figura de 446
- como salvador (*Soter*) 420
- corpo aparente de 409
- e a serpente 349
- como espada 357
- como símbolo do si-mesmo 414
- como espelho 427
- como homem primordial, *anthropos* 414
- representação de C. pelo arcanjo 329
- visão de 428, 438
- como videira 299
Cronos 350
Cruz 310, 318, 429, 445
- como sinônimo de Cristo 432
- luminosa (feita de luz) 429, 430

- centro da 432, 440
- como símbolo 433
-- do sofrimento de Deus 333
- sinônimos da 429, 433, 440
- como dominação preliminar da transformação 339
Curandeiro, feiticeiro, mago 448

Dança de roda 427
-- arquétipo da 424
- mística, de Cristo 415
- como fenômeno de recepção 425
Davi 368
Demiurgo 408
Demônio(s) 385, 429, 446
Depenar, depenação 348[19], 361, 368
Descida 331
Descida aos infernos 331, 336
Desejo de poder 379
Despedaçamento, retalhamento 341, 410
- pela espada 346, 357
Determinismo 391
Deus, como "o totalmente Outro" 380
- *Deus absconditus* 358
- dissociação, divergência em 380
- obscuro, tenebroso 350
- totalidade de 380, 418
- graça, presença de 378
- encarnação, o tornar-se homem de Deus 338, 379, 400, 413
- círculo como símbolo de 418
- sofrimentos de 332
- e o homem 378, 380, 399, 405
- na missa 378
- oferecimento de D. em sacrifício 375, 408
- como sacrificante, sacrificador 399, 403
- autossacrifício de 378
- Pneuma de 359

- culpa de 408
- que morre e ressuscita 375, 385
- morte de D., "Deus morre" (Nietzsche) 341
- como Pai, como Pai e Filho 379
- transformação de 338, 350, 358, 410, 411
Deuses, renovação e restabelecimento da vida dos 339
- que morrem prematuramente e depois ressuscitam 343
Diabo (cf. tb. Satanás) 429, 439, 446
Dionísio 384
- Zagreu 353, 387
- despedaçamento de 400
Discriminação 411
Dissociação 443
Docetismo 429
Dogmas como fatores externos 413
Do ut des 390
Doze, número doze, dodécada 415, 424
- discípulos 418, 424
Dragão 357, 403, 420
- sacrifício do 348
Drusiana 419[37]
Dualismo, obscuro 439
- claro 435

Efeito, elemento "ativo" e "agente" 379
Egito 369, 372, 448
Egoidade 390, 401
El'Elion 328
Elevação, na missa 317, 326
Embriaguez 384
Enantiodromia 375, 444
- do Yang e do Yin 378
Energia proveniente da tensão dos contrários 291
En to pan 353, 440
Enunciado, ditos de Cristo, metafísicos 377

O símbolo da transformação na missa

- psicológicos, psíquicos 379
- religiosos 447
Epiclese 321
Epifania 321
Escalpação, esfolamento 348, 348[19], 361, 369, 403
Espaço e tempo, relatividade do 401, 440
Espada 345, 357, 359, 420
- palavra de Deus como 324
Espelho 415, 427
Espírito, intelecto, mente (cf. tb. *Nous e Pneuma*) 374
- transformação em 345
Espíritos planetários 347, 363
Espírito Santo 317
- geração pelo 420
Espiritualização 317, 338, 352
- na missa 307, 310, 317, 323
Esquizofrenia 442
Estado de desorientação 443
Eucaristia 310, 313[5], 314, 425
- clássica 418
Eu, identidade do eu com o sacrifício 389
- como fenômeno 428
- e o si-mesmo 391, 398, 419, 438, 446
-- identidade paradoxal e diversidade entre o 427
- e superego (Freud) 390, 393
Existencialismo 442
Experiência numinosa do processo de individuação 448
Êxtase 384
Ezequiel, visão de 313

Fantasias, arquetípicas espontâneas 374
- mórbidas, demência 344
Fator ordenador 432, 444, 447
Fausto 363

Fé 379, 429
Fecundidade 372
"Filho do Homem" 400, 419
Filho 429
- sacrifício 328, 395, 406
Filius philosophorum 400
Filosofia 448
- da antiguidade clássica 400
- indiano, hindu 397[18]
Física 376

"Galactofagia" 314
Glossolalia 433[49]
Gnose ofítica 359
- filosofia gnóstica 343
Gnosticismo 399, 408, 423, 433, 442
- cristianismo e 444
- simbologia psicológica do 444
Gnóstico 422
- experiência interior do 439
- inflação do 438
Grécia, mistérios na 448

Harmonia da "sabedoria" 429, 434
Harran 365
Heresia 360
Hermes, copa (cratera) de 313, 355
- Quilênio, Trismegisto 356, 400, 420
Herói 348
Hierourgon 346
Homem, e o lado tenebroso, o mal 446
- tomada de posse do 379
- exaltação, elevação do 438, 448
- redenção, necessidade de redenção por parte do 407, 445
- liberdade, livre-arbítrio do 391, 444
- totalidade do 390

- totalização (processo de) do 445
- identificação com o h. superior 446
- *homo maximus* 419
- hílico 419
- renovação do h. interior pelo batismo 313
- individual e o si-mesmo 400
- como microcosmo 390, 440
- identidade do h. e da natureza 375
- natural e h. civilizado 375
- como sacrificante e como sacrificado 397
- sacrifício do 338, 366, 379, 387, 397, 406
- pneumático 359, 448
- culpa, pecado do 408, 410
- transformação do 359, 411
- no processo de transformação 413
- como instrumento (na missa) 379
- psicologia do h. civilizado 442
Homem de "chumbo" 347, 350, 411
Homem primitivo 339, 442
- religião do h.p. e cristianismo 375
Homem primordial (cf. tb. *Anthropos*) 356, 380, 400, 420
- criação do 437
Homunculus 345[10], 350, 411, 420
- transformação do h. em *pneuma* 419
Hóstia consagrada 326

Identidade irracional, inconsciente 389
Igreja 444
- como *corpus mysticum* 337
- e fatos históricos 438, 444
Iluminismo 347
Imagem, imagens (cf. tb. Arquétipo) primordiais 441
Incensação 318

Incenso, sacrifício de 302
Inconsciente 375, 391, 441
- dependência em relação ao 442
- cisão operada no 443
- experiência do 440
- identificação com o 446
- coletivo 419
-- como microcosmo 373
-- pessoal 419
- personificações do 440
- psicologia do 443
- efeitos do 440
- intemporalidade do 401[24]
Individuação 400
Individualidade 390
Inferno 402
Inflação 446
Iniciação, iniciações 348
- como processo de cura 410
- xamânica 410
Instinto(s) 390[14], 419
Intelecto 440
- anatomia do 444
Introspecção 440
Irracional, reconhecimento do 444
Isaac 406
Ísis 348

Jaldabaoth 350
Jargão americano 339
Javé 328, 394, 408
- transformação de 410
Jesus 313, 429
- vida de J. como fundamento da missa 406
- sofrimentos de 305
João (Evangelista) 418, 419[37], 428, 432
- visão de 429, 438
Julgamento de um morto no Egito 348[19]

O símbolo da transformação na missa

Lapis philosophorum (cf. tb. Pedra)
353 Lava-pés 299
"Lavar", lavagem 423
Linguagem simbólica,
transformação da 339
Logos 357, 359, 421, 442
- encarnação do 306, 336
Luz 400

Macrocosmo 440
Magia 323, 345, 365, 368, 379, 407
- aspecto mágico do rito 379
- efeitos mágicos 448
Mago 370
Mal (cf. tb. bem e mal) 380
Mana 385
Mandala(s) 419, 429, 433
- divididos em quatro partes 433
"Manducação do deus" 340
Maniqueísmo 380, 400
Maria, *obumbratio Mariae* 317
Mársias 348
Matéria, material 377, 421
- *veritas* na 421
Medicina 370
Medicina catholica 358
Meditação 344, 421, 448
Mefistófeles 363
Melanésia 372
Melquisedeque 306, 327
Mensagem irracional de Cristo e
razão humana 444
Mercúrio 400, 420
- como *filius macrocosmi* 357
- como espírito, *spiritus* 356
- como Hermes Quilênio 420
- como mediador 356, 420
- como serpente 356
Meretrix, como prima matéria 312
Microcosmo 340
- e macrocosmo 390
Milagre, transformação como 307,
338, 379

Missa 338, 448
- condições psíquicas da 405, 448
- como representação da vida e dos
sofrimentos de Cristo 336
- duplo aspecto da 380
- como produto do espírito 405
- e o processo de individuação 414
- e fenomenologia da 375
- psicologia da 376
- sentido da 403
- estrutura da 300
- como símbolo antropomórfico 307
- simbolismo da 307, 339
mistério da transubstanciação da
399
- dinamismo psicológico da 296
- e as visões de Zósimo 403
Mistério(s) 375
- da missa 307, 338, 379, 448
- romanos 448
- destruição do 448
Mistério da cabeça 371
Mistério de transformação,
paralelos de 339
Mistério, Deus como 375
- missa como 448
- o si-mesmo como 446
- transformação como 379
Mística (experiência) 440
Mistura do divisível e do indivisível
na missa 312, 334
Mitologia, linguagem mitológica e
linguagem dos sonhos 441
Mitra, mitraísmo 342
Moisés, serpente de 349
Monoceronte 408
Monte 360, 430
Monoteísmo 409
Moral 394
- violação, infração da 290[14]
- concepção moral do sofrimento 410
Movimento circular 318

Muda da pele, como transformação 345
Mundo, domínio do 332
- unidade do 440
- percepção do 400, 442
- desorientação a respeito das concepções do 443
- "Nada mais do que" 379

Natureza, desespiritualização da 375
- reconciliação entre natureza, homem e Deus 387
- transformação da 375
Neófitos, invisibilização dos 371
Neurose 443
Nigredo (negrura) 423
"Nível do sujeito, interpretação ao 383[6]
Nível objetivo, interpretação ao 383[6]
Noiva e noivo (esposa e esposo) 361
Nous 355, 400, 421, 429
- como serpente 359, 380
Nume(s), divinos 387
- das plantas cultivadas 385
"Núpcias químicas" 348

Opinião, opiniões 390, 393
Oposição, oposições, oposto(s), contraste(s), contrário(s)
- livre dos 435, 438
- cruz e 432, 436
- na natureza humana 446
- unificação dos 437
O que está em cima, o que está embaixo 436
Orfeu 373
Oseias 394
Osirificação 448
Osíris 348[13], 348[19], 362, 366, 372
Ouroboros 353, 359, 420

Ovo 361
- "filosófico" 357

Paganismo 343, 347
Pai 429
- como "criador" e *auctor rerum* 400
- e filho 379, 398
-- significado de 407
-- e mãe 359
Pai-nosso 330, 416
Palavras de poder 442
Pão 371, 381, 390, 429
- assinalado com cruzes 310, 342
- e vinho em Abraão 328
-- como produtos civilizados 383
-- na missa 307, 312, 334, 379, 384
-- diversas camadas de sentido no 385
Paraíso e círculo de fogo 359, 361
Parapsicologia 443
Paredro 344, 363
Participation mystique 337[33], 389, 390, 413, 419
Paulo 304
Pecador 423
- confissão dos 390
- arrependimento dos 448
Pecado original 379
Pedra (cf. tb. *Lapis*) 366
- "que encerra um espírito" 355
Pedro 422, 436
Penates 368
Pentecostes, relato de 317
Pensamento, dos gnósticos 422
- e as imagens primordiais 441
Personalidade, desenvolvimento da 390
- cisão da 443
Peruca 348[19], 369
Physis, nous e 312, 358
Pneuma 302, 313, 319, 338, 356, 359, 387, 429

O símbolo da transformação na missa

- transformação em 352, 375, 405
- como substância transformadora 359
Poimandres 313, 344
Polinésia 372
Pomba 431[47]
Porta 415, 427, 429
Prefigurações do Antigo Testamento 313[5]
Pretensões egoísticas, sacrifício das 390, 394
Prima materia (matéria primordial) 353
Processo de individuação 390
- simbologia, simbolismo do p. de i. alquimista 447
Processo de tornar-se si-mesmo (cf. tb. Individuação) 403
Processo de transformação 352, 371
- da natureza 375
Processo(s) psíquico(s) 433, 446, 448
- inconscientes, transcendentais 448
Profetas 448
Projeção, projeções 390
- antropomórficas 375
- de conteúdos inconscientes 375, 389
- retirada dos 375
Protanthropos 400
Psicologia 376
- empírica 400[21]
- fenomenologia da 375
Psique 448
- como conceito 376
- inconsciente 375, 433, 442
- subestima, depreciação da 442
- acontecimentos psíquicos 431
Purusha 397[18], 419

Quaternidade como símbolo do si-mesmo 430
Quatro, e o número oito, ogdóada 424

Racionalismo e irracionalismo 444
Razão raciocinante (*Vernunft*) 444
Realidade(s), metafísicas 431
- psíquica 376
Recepção, fenômenos de 325, 431, 439
Recipiente, vaso, receptáculo 353
- redondo 363
Recolhimento do que está disperso 399
Redondo 363
Refeição totêmica 339
Reforma marcionita 408
Religião 447
- do México antigo 348
Renascimento (novo nascimento) 346[11], 348, 371
- mistério do 369
Renovação, ritos de 345, 360
Representações arquetípicas 410
- "experiência" religiosa das 339
Representações, concepções de Deus 402
Ressurreição 352, 399
- de Cristo v. e. tít.
- corpo de ressurreição, corpo ressuscitado 312
Revelação, revelações 365
Rito(s) bizantinos 331
- evolução dos 339, 410
- como fatores extrínsecos 413
- e magia 323
- mozarábico 317, 321, 332
- entre os primitivos 410
- romano 312
- *rites d'entrée* 385[8]
Rito e símbolo de transformação na missa 309, 376, 390
Rito mágico 370
Roma 444, 448

Sabedoria na harmonia 429, 434
Sacerdócio eterno 306, 329
Sacerdote, sacerdote sacrificador 346, 448
- e comunidade 365, 378, 403, 413
Sacerdote sacrificante 346
Sacramentarium Leonianum 335
Sacramento 448
Sacrifício e sacrificador 353, 397
- Ouroboros como 359
Sacrifício(s) 307, 337, 339, 361, 387, 411, 448
- arquétipo do 403
- asteca 406
- mágicos 251[19], 362
- prefigurativos no Antigo Testamento 328, 339
- psicológico, importância do 381
- refeição sacrifical 302
- destruição do 390
- transformação do 319, 342
Sacrifício da missa 302, 376
Sacrifício do rei 339, 357, 406, 409
Sangue, de Cristo v. e. tít.
- fogo e 359
-- alma 330, 335
- mudança em 352
-- do, em sêmen e leite 359
Sapientia 358
Satanás 429
Saturno 350, 400, 403
Saul 368
Seita de Poimandres 355
Sêmen 429
- e leite, transformação em 359
Sen-nezem 348[13], 348[19]
Sentido, "interpretação" de um 431
Separatio, penetratio 420
"Ser pensado" 415, 421
Serpente 348, 358
- de Mercúrio 356
- no paraíso 438

- mordida de 441
Simbiose planta-animal 447
Símbolo(s)
- amplificador 425
- numinosidade 337[33]
- multiplicidade de sentido dos 385, 388
- reconstituição espontânea dos 360
- e o inconsciente 337[33]
- do mundo físico circunstante e cósmico 390
- "de conjunção", motivos de unificação 396[17]
- e sinais, e alegorias 307, 385
- formação dos símbolos 431
Si-mesmo 391, 398, 414, 427, 430, 434
- conceito, noção do 399[19]
- e consciência 400, 425
- como *complexio, unio oppositorum* 396
- experiência, vivência do 396
- criação do 400
- natureza eterna do 401
- identificação com o 439, 446
- integração do 394, 401
- compensação mediante 444
- "tornar-se homem", encarnação do 399
- como sacrificante 397
- caráter paradoxal 427
- como Filho, como Pai 400
- retirada do, da projeção do 396
Sofrimento, do processo de conscientização 411
- e "impossibilidade" 415, 428
- como punição 410
Sol, do meio-dia 352
Sol e luna 361
Sombra, *umbra* 313
Sonho(s) 375
- amplificações do 344
- interpretação dos 411

O símbolo da transformação na missa

-- no nível do objeto e do sujeito 383[6]
- linguagem, condicionamento do meio circundante 441
Spiritus familiaris 344, 363
Sublimação, *sublimatio* 354
Subtle body 319
Superego (Freud) 390, 393
Superior, inferior 363
Swazi, nação dos 370
Symbolum, Tridentinum 324

Técnica moderna 443
Telepatia 401[24]
Teoqualo asteca 339
Teoria da "mactação" (imolação) 324
Terafim 368
Thysia 302, 319, 324, 347, 403
Tiago 419[37]
Tomada de consciência 392, 400, 427
- sofrimento da 411
Tonsura 348
Totalidade 419, 425
- evolução para a 427
- centro (meio) como 435
- e quaternidade 430
- reconstituição da 448
Tradição 360, 374
- cristã 444
-- e gnose 431
Transformação, transformações 348, 354, 379
- do pão e do vinho no corpo e no sangue de Cristo 322, 328
- espiritual 348, 359, 405

- individual 448
- da oferenda para o sacrifício 319
- como milagre 307, 379
Transitus 342
Transubstanciação 322, 448

Uitzilopochtli 340
Unidade, sentimento de 443
Uno, um 419, 427
Usos cultuais primitivos 375

Verdade(s) 429, 441
- *veritas* na matéria 421
Vida 429
Videira 418
Vinho como sangue de Cristo 315
- pão e vinho, v. e. tít.
Vírus 447
Visão, visões 345, 375
- como produto natural 405
Voz, nos sonhos, interior 441

Xamã, samanismo 346[11], 410, 447

Yang e Yin 375

Zeus 400
Zodíaco 418
Zósimo, visão de 297, 344, 359, 403, 410
- e missa 403
- conteúdo simbólico da visão de Z. da missa 374
- transformação durante a visão de Z. da missa 410

Conecte-se conosco:

f facebook.com/editoravozes

@editoravozes

@editora_vozes

youtube.com/editoravozes

+55 24 2233-9033

www.vozes.com.br

Conheça nossas lojas:

www.livrariavozes.com.br

Belo Horizonte – Brasília – Campinas – Cuiabá – Curitiba
Fortaleza – Juiz de Fora – Petrópolis – Recife – São Paulo

  Vozes de Bolso

EDITORA VOZES LTDA.
Rua Frei Luís, 100 – Centro – Cep 25689-900 – Petrópolis, RJ
Tel.: (24) 2233-9000 – E-mail: vendas@vozes.com.br